高铁对泰国经济的影响研究

李自杰 [泰]虎 岩 等 著

对外经济贸易大学出版社
中国·北京

图书在版编目（CIP）数据

高铁对泰国经济的影响研究 / 李自杰等著. —北京：对外经济贸易大学出版社，2023.12

ISBN 978-7-5663-2555-6

Ⅰ. ①高… Ⅱ. ①李… Ⅲ. ①高速铁路–影响–经济–研究–泰国 Ⅳ. ①F133.6

中国国家版本馆 CIP 数据核字（2023）第 219908 号

高铁对泰国经济的影响研究

李自杰 ［泰］虎 岩 等 著

责任编辑：高 卓

出版发行：对外经济贸易大学出版社
社　　址：北京市朝阳区惠新东街 10 号
网　　址：www.uibep.com
资源网址：www.uibepresources.com
邮政编码：100029
邮购电话：010－64492338
发行部电话：010－64492342
E-mail：uibep@126.com

成品尺寸：170mm×240mm
印　　张：10.5
字　　数：160 千字
ISBN 978-7-5663-2555-6
印　　刷：北京九州迅驰传媒文化有限公司
版　　次：2023 年 12 月北京第 1 版
印　　次：2023 年 12 月第 1 次印刷
定　　价：48.00 元

前　言

交通基础设施互联互通是“一带一路”倡议中“五通”的重要组成部分。当前，高速铁路（简称高铁）已经成为中国“走出去”的一张名片，高铁建设也成为中国进一步开展国际合作，与世界各国共享发展成果，深入落实“一带一路”倡议的重要举措。泰国是“一带一路”沿线国家，但中泰高铁的建设过程十分艰难，当地政府与相关各方对高铁对泰国经济的影响长期存在着争论。因此，本书将高铁作为研究对象，以泰国及中国铁路发展为切入点，综合运用定性与定量研究方法，探索高铁对区域经济、人口流动、城市群发展等方面的影响，总结过去高铁发展的成功经验，为泰国高铁建设、运营以及未来发展提供一定借鉴。

为了给本书的相关研究提供更翔实的第一手资料，同时进一步深入探索和了解高铁对于地区经济的切实影响，2019 年起本项目组成员耗时一年多进行了大量的实地调研和数据收集工作。在一手数据方面，我们组织了由多位拥有博士学位的教授、副教授、助理教授以及在读博士生组成的调研团队，于 2019 年赴中国高铁沿线的几个代表性城市，例如，京沪线和苏嘉甬线经过的江苏省苏州市相城区、宝兰线和兰新线经过的甘肃省兰州市等，对当地政府部门、高铁规划和建设单位以及当地企业进行调研和访谈，积累了大量图片、音频、视频资料和相关数据。

在国内调研之后，为了深入了解中泰高铁的规划及进展，调研团队于 2019 年 7 月赴泰国对中泰高铁所涉及的多方进行了深入的调研，与泰国交通部、中国驻孔敬总领事馆、泰国国家科学技术发展署、中国铁路总公司（中泰项目组）、中国铁建（东南亚）有限公司、邦素总站及建设工地、曼谷玛卡山站、拉格拉邦货运站、林查班码头、颂嫩站、亚洲理工大学、泰国国家科学技术发展署、泰中罗勇工业园开发有限公司、宝力钢管（泰国）有限公司、新泰车轮制造有限公司、泰国中国总商会等多方进行访谈和交流，对中泰高铁从考察、谈判到规划、修建的全过程有了深入细致的了解，也对开展这一项目的动因、困难及其未来发展趋势有了更深刻的认识。

此外，我们还通过多种渠道收集和整理了大量二手数据。高铁相关数据方面，我们获取了中国研究数据服务平台（CNRDS）中的高铁线路、站点、开通时间等原始信息并进行整理，进一步通过中国国家铁路集团有限公司网站、《中国铁道年鉴》、高铁规划图、列车时刻表等进行补充。在城市层面相关数据方面，我们整理了历年的《中国城市统计年鉴》，并根据 EPS 全球统计数据/分析平台、国务院发展研究中心信息网、CNRDS、《国民经济与社会发展统计公报》等对缺失数据进行补充，将不同来源的数据进行匹配后，形成了本书实证研究的数据库。

本书是对外经济贸易大学中央高校基本科研业务费专项资金资助项目——2019 年度“一带一路”研究系列著作项目（批准号：TS4－16）的研究成果之一，项目负责人为对外经济贸易大学国际商学院李自杰教授，并由李小萌、虎岩和张英若共同统筹本书的相关工作，项目研究团队成员为对外经济贸易大学、中国人民大学和北京第二外国语学院的老师及博士研究生，具体包括：张竹（第一章）、张英若（第二章、第三章）、张般若（第三章、第六章）、高璆岐（第四章）、刘雯赫（第五章）、陶哲雄（第七章）、何文龙（第八章）、范嘉斯（第九章）。

目　　录

第一章 引 言

中国在“一带一路”倡议中提出了“设施联通”。泰国是“一带一路”沿线的重要国家，与中国有着紧密经济联系，也是仅次于印度尼西亚的东南亚第二大经济体。2019 年，中国首次超越日本成为泰国第一大外商直接投资来源国。中国以 203 个新批投资项目、共计 2 600 亿泰铢（约 85.6 亿美元）的投资额在 2019 年泰国吸引的外商直接投资总额中占比超过一半。泰国重要的地理位置以及与中国密切的经贸往来使其成为“一带一路”版图中的重要组成部分。同时，中泰高铁也是连接中国、老挝、泰国的“大动脉”，按计划建成后将实现昆明至曼谷之间的朝发夕至，不仅促进“一带一路”的互联互通，也将成为泛亚铁路发展中非常重要的一步。中泰铁路的建设过程十分艰难，虽然全长 252.3 公里的中泰高铁合作项目一期工程（曼谷—呵叻）启动于 2017 年 12 月，但到 2020 年仅完工了首段 3.5 公里的建设。虽然 2021 年 3 月 29 日，中泰高铁合作项目一期的三个标段的施工协议已签署，但原计划 2022 年全线通车的中泰高铁目前仅能预计在 2026 年底至 2027 年初实现一期路段的竣工通车。事实上，泰国政府和社会舆论对于是否需要修建高铁以及倾向于采用哪国的高铁技术等问题，一直有着较大的分歧和争论。因此，以中国高铁建设与发展作为示范，借鉴中国经验分析高铁建设对经济的影响，会对中泰高铁预期能够带来的积极作用提供更多支撑，从而对中泰高铁的建设和未来发展提供许多有益的建议和启示。

整体而言，高铁建设对于“一带一路”沿线国家及地区的发展具有多方面的促进作用。第一，交通运输和区域经济的发展是相辅相成的，只有交通运输发展水平与社会经济发展水平相适应，才能满足和促进社会经济发展。高铁建设不仅直接促进了铁路运力的提升与交通运输布局的完善，而且有助于推动沿线地区经济发展，缩小区域之间的发展差距。第二，高铁建设有利于技术、信息和人力资本在线路区域内的流动，带来了依托高铁的科技园以及铁路沿线新入驻的各大企业。高铁的技术创新也可以向相关领域辐射和发展，进而带动相关产业的技术提升与创新。第三，随着经济全球化趋势的不断增强，跨国铁路的建设对于“一带一路”沿线国家具有十分重要的经济价值。高铁网络不仅是各地区之间相互联系的重要通道，而且有助于“一带一路”沿线国家的企业进行国际化发展。第四，高铁建设对于生态环保工作的推进有一定的促进作用，不仅有助于社会的节能减排和环境污染治理，而且能够促进社会的绿色协调发展。

因此，本书以高铁为研究对象，以泰国及中国铁路发展为切入点，在分析铁路发展历史、现状以及效益的基础上，结合相关的理论，运用定性分析与定量分析相结合的方法，研究了高铁对于区域经济、人口流动、城市群发展等方面的影响。特别关注了中泰高铁建设中遇到的问题与风险，借鉴成功案例，为泰国高铁建设、运营以及未来发展提出了管理及政策建议。

本书一共包含九章，分别从不同方面对铁路建设进行了分析，不仅包含各国高铁建设的成功案例，而且对泰国铁路建设可能存在的风险进行了研究，并有针对性地提出了政策建议。

第一章为全书的引言。该章简要阐述了高铁建设对于“一带一路”沿线国家和地区的经济发展、技术进步、全球化进程推进、生态保护等多方面的促进作用，并且对全书的主要内容进行了归纳与总结。

第二章主要关注泰国铁路的发展历史及未来的规划。泰国铁路发展较早，已有 100 多年的历史。泰国铁路的发展历史并不是一帆风顺的，而是经历了一个曲折的发展过程。泰国现有 4 000 多公里的米轨铁路，包括 4 条主要铁路干线，均是以曼谷为基地向北部、东部、南部及东北部延伸。客运火车时速目前约 60 公里，现有轨道中米轨占 93%。泰国拥有铁路比较早但发展缓慢，这与以往的发展方向、政治不稳定等因素有很大的关系。泰国国家 20 年发展规划中，铁路运输网络升级成为关注的焦点。

第三章主要包含中泰高铁的发展规划、建设进程以及其价值和意义。中泰高铁的建设进程是充满着困难和曲折的，从 2009 年泰国与中国就此项目进行实质性接触开始，直至 2017 年真正开始动工，2020 年才完工了一期首段的 3.5 公里工程，这其中存在着许多困难和分歧。但同时也可以看到，随着已有问题的妥善解决，中泰高铁的未来顺利发展将颇具希望，一期路段预计在 2026 年底至 2027 年初竣工通车，这对于中国、泰国，乃至整个东南亚，都具有重要的意义和辐射带动作用。

第四章主要论述了高铁建设对于区域经济发展的作用机制。高铁时代需要重新审视区域经济发展空间，探究高铁打破原有的区域空间格局、重构城市生态空间结构、推动资源要素重新配置的作用机制。基于此，该章遵循系统科学的研究原则，从理论基础出发，以甘肃省高铁为分析案例，探索影响高铁作用机制的构成要素、时空重构效应与企业经济效益、乘数效应与产业园区发展、技术创新溢出效应与产业结构调整以及辐射效应与区域生态结构升级之间的作用机制，奠定后续研究的理论基础，并为泰国高铁建设提出新的研究视角下的政策建议。

第五章主要介绍了高铁在各国的发展历史、现状及对其区域宏观经济发展的影响，主要包括亚洲的日本、中国、韩国以及欧洲的意大利、法国、德国、西班牙等国家。此外，还对有高铁建设计划或已经在建高铁的国家的未来发展情况做出了简要介绍与分析。

第六章主要研究了泰国铁路建设的时间效益与时空竞争力。高铁建设带来的时空压缩效应使沿线城市间的旅行时间缩短、区域可达性提高，时空竞争力的提升间接创造了大量经济效益，促进了沿线区域社会经济的发展。首先，从时间价值的角度，对高铁的时间节约效应和建设时机进行了理论分析，并以中国京沪高铁为例，针对收集的沿线部分站点城市间各交通方式所需时间和费用，对京沪高铁开通的时间效益进行了实证检验。其次，通过收集整理 2002 年至 2016 年《中国城市统计年鉴》中的相关数据和各地级市高铁开通信息，对开通高铁城市的时空竞争力提升对经济的促进作用及其空间异质性进行了大样本实证检验，发现高铁开通对区域经济增速的提升是显著的，但该影响对于不同行政级别、发展水平和区位城市的影响不同。最后，根据泰国高铁建设规划，借鉴中国高铁建设经验，对泰国高铁建设的效果进行预测并提出了政策建议。

第七章关注了高铁建设对于泰国区域经济总量的影响。铁路作为一项交通基础设施投资，不仅可以通过需求拉动及资本积累在短期内影响经济增长，而且能间接对经济增长产生长期的影响。首先，阐述了高铁对区域经济的推动作用机制，其主要是开工建设期和运营期通过影响沿线地区的资本、就业和技术等生产要素的流动，进而影响沿线地区生产总值增长。其次，以京沪高铁为例，定量分析了高铁修建开通后的综合经济效应，即高铁对沿线城市经济总量、沿线城市人均生产总值、客货运能力、产业结构的提升优化作用。最后，基于中国定量分析结果，提出了关于中泰高铁建设和运营的政策建议。

第八章主要研究了高铁建设对人口流动的影响。首先，回顾了人口流动的相关理论，包括“推力—拉力”理论、二元经济理论、人力资源理论等。其次，探讨了高铁影响人口流动的作用机制，包括高铁建设可能影响供给需求角度的总体流动效应，也可能引起产业差异角度的人口流动效应，还可能导致区域差异角度的人口流动效应。再次，以中国高铁建设为例，考察了其对中国城市人口流动的影响。分析了 198 个地级及以上的城市在 2007 年至 2016 年间的数据，结果表明高铁建设使高铁沿线城市对流动人口产生显著的吸引作用，使得高铁沿线城市更易于成为人口流动的迁入地。最后，基于中国高铁的经验，为泰国高铁未来对人口流动的影响提出了一些建设性的意见。

第九章探究了铁路建设对于泰国城市群发展的影响。从中国城市群的发展阶段和建设情况来看，在基础设施互联互通方面实现发展创新和重点突破，从而在更广阔的范围内加强城市群内部的分工合作以及外部的衔接沟通，直接关系到一个国家新型城镇化建设进程的有效推进。与中国的长江三角洲（简称长三角）城市群类似，泰国东部经济走廊（EEC）具有先天的地理优势和政策优势，通过发展铁路等基础设施等能够优化当地的产业结构，吸引投资和新产业，并最终带来经济的高速增长。

第二章　泰国铁路的发展历史及未来规划

第一节　泰国铁路的发展历史及现状

一、泰国铁路历史沿革

泰国的铁路发展较早，迄今已有 100 多年的历史，但泰国铁路的发展历史并不是一帆风顺的，而是经历一个曲折的发展过程。

泰国的第一条铁路线是曼谷—清迈线（即如今的泰国国铁北线），由泰国拉玛五世国王主导并在 1891 年宣布动工修建。拉玛五世曾经在欧洲多国旅行，对于铁路的重要性深有体会，他认识到兴建铁路可以减轻当年殖民列强对泰国施加的压力，同时能够向世界表明泰国是一个进步、开放的国家。为此，他在欧洲多国咨询了铁路工程师并制订了许多计划，直至 1888 年，又委托英国工程师进行了铁路布线的研究和勘察。泰国拉玛五世国王在位时期，泰国全国铁路总运行里程为 932 公里，修建中的铁路为 690 公里。到了拉玛六世国王时期，泰国全国铁路总运行公里数为 2 581 公里，修建中的铁路为 497 公里。拉玛七世国王时期没有新修建铁路，但是完成了之前正在修建的铁路。拉玛八世国王时期，由于发生第二次世界大战，社会较为动荡，未修建新铁路。

第二次世界大战结束之后，泰国铁路经历了近 70 年的发展。根据具体修建情况可以分为四个阶段，分别是重建恢复时期（1945—1960 年）、发展转折时期（1961—1981 年）、缓慢发展时期（1982—1996 年）和复兴发展时期（1997—2015

年）。事实上，第二次世界大战结束后至 20 世纪 90 年代末，泰国铁路的发展取得了很大的成就。之后，泰国铁路的各项发展指标开始下降。随后在 20 世纪 90 年代后期，泰国铁路不仅进入复兴发展时期，也进入了一个充满挑战的发展阶段。

国家发展需求和国外合作影响是战后泰国铁路发展的内外动力。从这个角度上说，第二次世界大战后泰国铁路的发展呈现出内部推动为主、外部推动为辅的特征。

二、泰国铁路发展现状

（一）泰国现有铁路网络

泰国现有 4 000 多公里的米轨铁路，具体包括 4 条主要铁路干线，以曼谷为中心向北部、东部、南部及东北部延伸，客运火车时速目前约 60 公里，4 条主要铁路线分别为：以清迈为终点的北线；以乌汶府和老挝边境的廊开府为终点的东北线；以柬埔寨边境的沙缴府为终点的东线；以马来西亚边境的也拉府和那拉提瓦府为终点的南线。此外，另有一条完全独立的支线——美功线，该线路没有和泰国当地的铁路系统连接，起点站为班兰，终点站为美功。

在上述铁路网络下，泰国国家铁路局在其发布的 2017 年度报告中提到：在泰国人出行方式方面，52%选择自驾，37%选择乘坐公交车，5%选择乘坐火车，4%选择乘坐飞机，2%选择乘坐公共面包车；在货物运输方面，87.5%为公路运输，而铁路运输仅占 1.4%。泰国政府预估，在国内运输网络完善后，由于铁路运输具有时间精准、高效率、承运与容纳率较高、便宜及环保等优势，因此自驾的比例将减少到 40%，货物运输中铁路运输的比例将增加到 10%。从成本上看，铁路运输成本为每吨公里 0.95 泰铢，远低于公路运输的 2.12 泰铢，物流成本占国内生产总值（GDP）的比重也将从目前的 14.2%降低至 11.9%。因此，泰国计划尽快修建更多的复线铁路及联合运输货运中心，来提高铁路运输的市场份额，逐渐替换国内的低速米轨铁路。

（二）泰国铁路运输现状

从 2019 年的数据来看，泰国现有的客运和货运服务铁路网总距离约为 4 044 公里，铁路网由三种铁路构成：单轨铁路 3 763 公里，约占总距离的 93%；双轨铁路 173 公里，占总距离的 4%；三轨铁路 107 公里，占总距离的 3%。

目前泰国铁路长途客运的平均时速为 50 公里，高于货运平均时速（39 公里）。其主要燃料为柴油，轨道宽度为 1 米，每个站点间距离为 5～20 公里，目前泰国在铁路网络中运行的火车共有 7 种：特快车（长途，仅停靠几个大站点）、快车（长途，停靠几个大站点，车厢多于特快车型）、普通快车（长途，停靠多个站点）、普通车（长途，沿线站点均停靠）、当地慢车（跨府通车，沿线站点均停靠）、旅游车（仅限周末及节假日通车且仅停靠旅游景点）以及货运车（服务国内货运及周边国货运）。

（三）泰国与周边邻国铁路网连接现状

泰国铁路发展过程中，除了考虑国内铁路规划之外，与其他国家的铁路相通可以为其发展带来很大的便利与经济效应，因此还须综合考虑周边国家的铁路情况。泰国铁路与周边邻国铁路的交会点通常为区域经济铁路运输发展的重点。

从铁路规格上看，2014 年对 7 个东盟国铁路保有量与规格的统计数据（见图 2－1）显示，缅甸铁路为 1 米宽轨道，总长 5 031 公里；柬埔寨铁路为 1 米

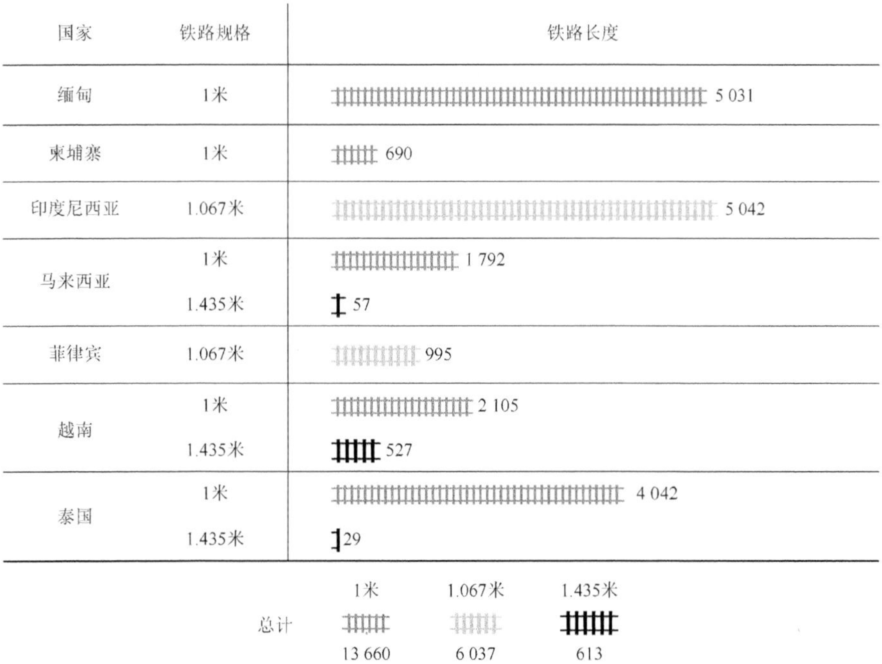

图 2－1　泰国与周边国家的铁道规格及长度（单位：公里）

宽轨道，总长 690 公里；印度尼西亚铁路轨道宽 1.067 米，总长 5 042 公里；马来西亚 1 米宽轨道的铁路总长 1 792 公里，1.435 米宽轨道的铁路总长 57 公里；菲律宾铁路轨道 1.067 米宽，总长 995 公里；越南 1 米宽铁轨总长 2 105 公里，1.435 米宽的轨道总长 527 公里；泰国 1 米宽轨道有 4 042 公里，1.435 米宽轨道仅有 29 公里。从数据可以看出，泰国的铁轨大多保留着 1 米宽的轨道，与周边国家如马来西亚、柬埔寨等使用了同样的铁轨标准，泰国与马来西亚和柬埔寨的铁轨是相互连接的，有利于东盟内部的互联互通。

三、泰国铁路发展的制约因素

良好的铁路系统能够为经济发展起到推动作用。在铁路建设方面已有多个国家与泰国接洽商谈投资合作，包括中国、日本、德国和韩国等。泰国铁路的建设能够带动区域内贸易和经济发展，尤其是对于泰国的骨干产业——旅游业能够产生重要的推动作用。铁路的建设有利于城镇化发展，能够推动铁路沿线城市和农村的经济发展。此外，从环保角度看，高铁的二氧化碳排放量要远远低于汽车和飞机。从公共安全角度看，高铁线路的固定、系统信号的精准操控大大减少了交通事故发生的概率。因此，泰国铁路网络建设和改革是很有必要的。

然而，尽管铁路发展有上述效应，但目前泰国铁路发展中仍然存在着一些制约因素。一直以来，泰国的铁路系统未得到改善，还停留在建成时的状态。泰国每年火车脱轨事件有约 100 起，火车跟客车相撞事故有 150 多起。这主要是由于铁轨和汽车道路交叉的地方没有红绿灯，自动起落栏杆也年久失修。此外，泰国的 1 米宽单轨自 1960 年沿用至 1990 年，仅有一些常用路线的轨道得到了改善，其余未改进，导致这些米轨铁路破旧且存在安全隐患。泰国铁路发展中存在的制约因素如表 2－1 所示。

泰国铁路发展缓慢、落后，部分原因在于铁路局的包办制度，比如运营、维护、采购等，同时单位的编制名额有限、待遇不高、专业人士不够等也制约了泰国铁路的发展。

表 2 – 1　　泰国铁路发展的制约因素

制约因素	内容
线路约束	➢ 93.1%的铁路网是单轨铁路，导致运营延迟 ➢ 地形主要由平坦的平原至高原的坡度交替构成
物理状况	➢ 铁轨过度使用：全国 44%的铁路轨道已使用 20 多年，运行速度和安全性有限
机车车辆不足	➢ 泰国国家铁路柴油机车不足，并且状况不佳 ➢ 操作失误率较高
集装箱车厢不足	➢ 泰国国家铁路局的集装箱车厢数量不足
乘用车短缺	➢ 创收型乘用车短缺，特别是二等空调、卧铺等车厢 ➢ 使用效率低
火车司机缺乏	➢ 火车司机严重短缺 ➢ 员工限制政策（新雇员的数量不得超过已退休或辞职雇员的 5%）使得驾驶员培训和任命无法满足需求
公路—铁路平交道口	➢ 目前有大量的平交路口 ➢ 火车客车事故发生率高 ➢ 阻碍火车高速行驶
信号和电信系统的效率以及列车运行控制	➢ 标记信号系统或没有机械信号系统的交叉口在全国范围内超过 60%，未采用三方面彩色光信号系统，影响驾驶视线和安全 ➢ 未使用无令牌设备系统和自动阻止系统，目前使用的令牌系统，操作步骤烦琐，效率低，缺乏安全性和轨道容量

资料来源：泰国国家铁路局。

与马来西亚相比，泰国铁路网络要落后 20 年左右。在东南亚国家中，除新加坡外，马来西亚发展铁路网络较早，马来西亚政府早期规划国内全套铁路工业的发展。尽管缺乏核心技术，但马来西亚采取的招商引资方式促进了其铁路的发展。通过外商直接投资引进技术，截至目前有两家铁路制造企业（长春轨道车辆有限公司和西门子）在马来西亚投资建厂。除此之外，马来西亚拥有自己投资的铁路零部件工厂以及合资的铁路系统。马来西亚发展和升级铁路网络的速度较快，吸取了外国核心技术并继续研发和发展，培养了一批铁路专业人员。

相比之下，泰国铁路方面发展较为落后。泰国老百姓把泰国铁路视为“古董”，因为它还保留着 100 年前的样子。泰国火车车厢、铁轨、道岔及重要部件 90%以上均要从国外进口。在铁路专业人员方面，传统的泰国技校专注于汽车和其他制造业人员的培养，铁路方面的人才还比较紧缺，因此，泰国在这方面依然存在很大的人才缺口。

从未来发展看，泰国位于东南亚的中心地带，其优越的地理位置有利于其成为东南亚的物流中心（Logistics Hub）。然而，泰国的物流体系和物流网络还比较落后，泰国的铁路运输网络和集散地还不能满足需求，铁路与主要港口不相通导致物流不通畅，影响贸易。泰国人民也希望不久的将来能乘坐高铁，改善长途交通以公路、航空为主的出行方式。

第二节　泰国铁路发展规划及定位

一、泰国铁路中心任务规划

由于铁路运输在效率和成本方面的优势，泰国政府将铁路列为国家交通基础设施发展的中心任务，试图通过大力发展铁路基础设施达到降低物流成本、促进旅游业和地方经济发展的目的。除了大力发展高铁外，泰国政府还将建设重点聚焦于铁路线路的复线改造，此举旨在将目前以公路为主的货运市场逐渐转变为以铁路为主，从而降低运输成本，减少环境污染。

泰国国家铁路局被政府指定来负责投资与监督全国铁路网的建设、新建双轨铁路、改善原有铁路网、开展合作与建设高铁。泰国各部门的发展规划、目标围绕提高效率、完善基础设施及系统建设展开，为推动国家可持续发展提供有力的保障。同时，泰国政府发布“泰国 4.0 战略”，提升铁路的科技含量。除此之外，铁路服务质量和效率、铁路的便利性和安全性也得到了重视。泰国国家铁路局的目标是到 2027 年泰国铁路发展水平在东南亚居于领先地位。具体来讲，泰国政府在铁路方面的中心任务包括：

首先，在复线铁路建设方面，短期将改造北柳省—康赫、吉拉—孔敬、华欣—巴蜀三条线路，中期计划改造那空沙旺—帕府、拉差—麦普塔普特等四条线路，长期计划改造帕府—清莱等两条线路。

其次，在高铁建设方面，短期将建设曼谷—罗勇、曼谷—呵叻以及曼谷—华欣三条线路，中长期还计划建设曼谷—彭世洛、呵叻—廊开等五条线路。

最后，在线路电气化改造方面，短期将改造帕府—清孔、申敬—那空拍侬两条线路，中长期将改造那空沙旺—湄索、北碧府—班帕池等五条线路。

此外，在货运中心建设方面，将在清孔、清迈等地新建联合运输枢纽，实现铁路、公路、水运的无缝衔接。

二、泰国铁路线路规划

泰国高铁总体规划主要有四条线路，包括北线、南线、东线和东北线。泰国南线的规划期限最长，计划到 2037 年泰国铁路网总长达到 6 463 公里。泰国未来的长途铁路网络中会新增加 61 个府，双轨铁路增加 12 条新线路，运行长度增加到 3 157 公里，比原来增加 2 419 公里。

从周期上看，泰国铁路发展整体规划分为三个阶段，包括短期（2017—2021 年）、中期（2022—2026 年）和长期（2027—2036 年）。具体建设项目包括对 2 777 公里的线路进行复线改造、新建 2 457 公里的标准轨距高铁、对部分线路进行电气化改造和建设铁路多式联运货运中心。泰国交通运输政策与规划部发布的 20 年（2017—2036 年）发展整体规划显示，投资总规模将达到 2.7 万亿泰铢，其中，约 1.9 万亿泰铢由政府出资，其余资金来自其他私营部门。此外，在泰国 20 年国家发展战略规划（2018—2038 年）中，铁路发展规划被视为重要的一部分，内容涉及加快发展基础设施建设，以提高国家在国际的竞争力，提高人民生活质量、绿色环保和完善铁路系统。

第一期规划的是需紧急修建的高铁，共有四条，总长 1 208 公里，包括曼谷至呵叻、曼谷至罗勇三个机场（廊曼、素万那普和乌塔堡）连线、曼谷至彭世洛、呵叻至廊开。其中，机场连线分为两种：时速 160 公里的城市轨道，廊曼机场至素万那普机场；时速 250 公里的高铁，廊曼机场至乌塔堡机场。第二期规划的是中期修建的铁路，共有两条，总长 499 公里，包括曼谷至华欣、彭世洛至清迈两条线路。第三期规划的是长期修建的铁路，泰国华欣到马来西亚边境的巴东勿刹地区的高铁，总长 759 公里。表 2－2 至表 2－8 是主要高铁线路情况。

（1）曼谷—呵叻（253 公里），预计 2023 年运行。

表 2－2　　曼谷—呵叻线路情况

级别	第 1 期（紧急修建）	速度范围	时速 200～250 公里
发车间隔	90 分钟	运营时间	6:00—24:00
站点数量	5	铁轨标准	1.435 米
票价	107～534 泰铢	投资规模	180 亿泰铢
项目状态	共 14 份合同，目前有 2 份合同已签完，1 条 3.5 公里的轨道由中国公司承建。该线路开通之后预计客流量达到 5 000 人/天。政府评估经济内部收益率（EIRR）在 11.68%左右。		

（2）曼谷—罗勇三机场连线（220 公里），预计 2024 年运行。

表 2－3　　曼谷—罗勇三机场连线情况

级别	第 1 期（紧急修建）	速度范围	时速 160～250 公里
发车间隔	90 分钟	运营时间	6:00—24:00
站点数量	15	铁轨标准	1.435 米
票价	200 泰铢	投资规模	225 亿泰铢
预计客流量	13 200 人/天	EIRR	13.26%
项目状态	正大集团中标		

（3）曼谷—彭世洛（380 公里），预计 2025 年运行。

表 2－4　　曼谷—彭世洛线路情况

级别	第 1 期（紧急修建）	速度范围	时速 200～250 公里
发车间隔	90 分钟	运营时间	6:00—24:00
站点数量	6	铁轨标准	1.435 米
票价	640～1 700 泰铢	投资规模	213 亿泰铢
预计客流量	29 000 人/天	EIRR	14.7%
项目状态	正在招标		

（4）呵叻—廊开（355 公里），预计 2026 年运行。

表 2-5　　呵叻—廊开线路情况

级别	第 1 期（紧急修建）	速度范围	时速 200～250 公里
发车间隔	90 分钟	运营时间	6:00—24:00
站点数量	5	铁轨标准	1.435 米
票价	未定/评估中	投资规模	227 亿泰铢
预计客流量	29 000 人/天	EIRR	11.68%
项目状态	未定/评估中		

（5）曼谷—华欣（211 公里），预计 2027 年运行。

表 2-6　　曼谷—华欣线路情况

级别	第 2 期（中期规划）	速度范围	时速 200～250 公里
发车间隔	90 分钟	运营时间	6:00—24:00
站点数量	4	铁轨标准	1.435 米
票价	385～1 044 泰铢	投资规模	100 亿泰铢
预计客流量	10 094 人/天	EIRR	9.76%
项目状态	待批准		

（6）彭世洛—清迈（288 公里），预计 2029 年运行。

表 2-7　　彭世洛—清迈线路情况

级别	第 2 期（中期规划）	速度范围	时速 200～250 公里
发车间隔	90 分钟	运营时间	6:00—24:00
站点数量	5	铁轨标准	1.435 米
票价	385～1 044 泰铢	投资规模	233 亿泰铢
预计客流量	调研中	EIRR	调研中
项目状态	调研中		

（7）华欣—巴东勿刹（759 公里），预计 2037 年运行。

表 2-8　　　　　　　　华欣—巴东勿刹线路情况

级别	第 3 期（长期规划）	速度范围	评估中
发车间隔	90 分钟	运营时间	6:00—24:00
站点数量	7	铁轨标准	1.435 米
票价	调研中	投资规模	433 亿泰铢
预计客流量	调研中	EIRR	调研中
项目状态	调研中		

从功能规划上看，泰国国家铁路局对铁路未来的发展规划有三个主要方面。第一，发展基础设施。主要指建设国际规格的双轨道、高铁和城乡铁路。由于泰国现有铁路的局限性，修建高铁并不意味着把原有铁道撤掉，重点在于增加双轨道，也即在单轨的基础上多修建一条轨道，使得原来的单轨道变成双轨道。双轨道能够给铁路运输带来很大便利，保证火车能按时运行，减少延误，并能够增加车次，提高效率。目前铁轨交叉点上出现延误现象，如果新型交叉点改造成高架或者下道，可避免交通冲突，同时运行信号的同步改造将能够提高运行的安全性。双轨道下客运车时速可提高到 100 公里（单轨道为 50 公里），货运车时速可提高到 60 公里（单轨道为 39 公里）。从现有轨道数据上看，截至 2018 年，泰国双轨道保有量占轨道总量的 6%，单轨道保有量占 91%，三轨道保有量占 3%。预计 2024 年，泰国双轨道占比将增加到 65%，单轨道降低到 33%，三轨道降低到 2%。第二，提升服务。具体包括发展售票系统 D-Ticket、完善车厢的供应量、建立与铁路沿线零距离的物流散发中心等。第三，发展商业配套。铁路局拥有铁路周边闲置土地的开发权，站点周边大面积连续地块的租赁不仅能够给铁路局带来稳定的租金收入，也能够建设商业配套。

三、泰国阿披瓦中央车站交通枢纽的规划

位于泰国曼谷北边的阿披瓦中央车站（原邦素总站）已于 2021 年投入

使用，是东南亚最大的交通枢纽，也是泰国铁路历史上的大工程，耗费了大量投资和时间。泰国政府之所以选址在此修建新的交通枢纽是基于其土地面积、规划条件、周边环境等优势条件，未来能够将其发展成为曼谷新的商业中心。

曼谷火车站受现有条件限制，难以满足长期发展的需要，因此，为了未来铁路运输的良性发展，完善配套基础设施的建设、扩展交通枢纽站是必要的。曼谷火车站与阿披瓦中央车站具体的对比情况如表 2－9 所示。

表 2－9　　曼谷火车站与阿披瓦中央车站对标

项目	曼谷火车站	阿披瓦中央车站
面积/周围	120 莱①，周边无法扩展建筑	2 325 莱，包括周边商业区规划
站点情况	共 14 个站点，仅长途车	共 24 个站点，包括长途车、高铁和市郊城铁
承载流量	6 万人/次/天	62.4 万人/次/天（2032 年）
地铁连接	蓝色线	蓝色线/绿色线/紫色线/曼谷巴士站

资料来源：122 Years and the Future of SRT。

阿披瓦中央车站将会升级泰国铁道交通运输，枢纽站将得到多功能的规划，能够为周边区域带来大量商机，从而带动区域经济快速发展，并为当地百姓带来更多便利。具体来讲，阿披瓦中央车站规划的功能分配为：31.6%为售票厅、美食城、办公室与蓝色线地铁交接站点；26.5%为地下停车场，拟建 1 624 个车位；三楼占使用面积的 15.4%，规划为高铁站台和机场快线站台；二楼占使用面积的 15.3%，规划为市郊城铁与长途火车站；阿披瓦中央车站站前广场占比 6.8%。泰国国家铁路局预估 2027 年日客流量达到 35.9 万人次，2032 年日客流量将突破 62.4 万人次。交通总站周边规划为商业区，总面积 2 325 莱，分为 9 个区，包括展览馆区、居住区（2 个）、商场区、政府办公区、混合区、高端商业区、东盟商业区和普通商业区（见图 2－2）。

① 1 莱等于 1 600 平方米。

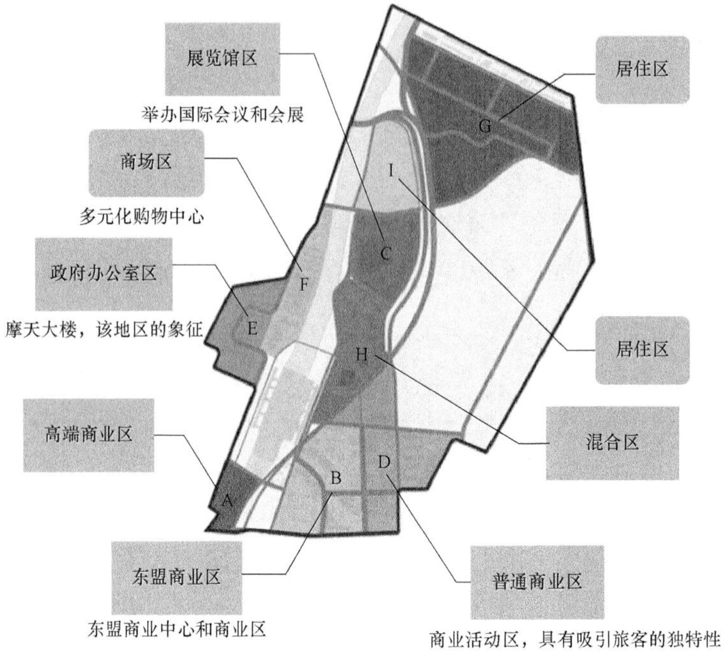

图 2－2　阿披瓦中央车站规划图

资料来源：122 Years and the Future of SRT。

四、泰国铁路货运规划

泰国修建双轨道铁路将给交通带来很大便利，有利于国内及边境物流的发展。以曼谷到清迈为例，两地距离 700 多公里，现有的长途车需要 11～14 小时，飞机需要约 1.3 小时，自驾车需要 8～9 小时，而高铁以时速 300 公里计算，仅需要 3 小时。由于铁路运输成本低，提高物流服务行业运输效率也将使制造业的成本降低。目前泰国物流成本占 GDP 的 13.9%，比世界平均值高 10%，而发达国家物流成本占比低于 10%。2017 年，泰国运输物流总量为 8.43 兆吨，其中 82%是通过公路运输的。除了硬件，软件（如物流管理）也很重要。泰国除了发展全国铁路网之外，还发展物流集散基地，比如建立集装箱存放基地、包装与分类基地等。

第三章　中泰高铁的发展

第一节　中泰高铁的规划与建设

一、泛亚铁路的整体规划

1960 年，联合国亚洲及远东经济委员会首次提出泛亚铁路网，要修建一条贯通亚洲、欧洲与非洲的铁路，其中，包括经新加坡至土耳其的铁路（又称泛亚铁路）。泛亚铁路的名称被明确提出则是在 1995 年。在 1995 年 12 月的东盟第五届首脑会议上，时任马来西亚总理马哈蒂尔提出修建一条超越湄公河流域范围，从马来半岛南端的新加坡，经马来西亚、泰国、越南、缅甸、柬埔寨到中国昆明的“泛亚铁路”的倡议。该倡议立即得到了东盟各国首脑和中国政府的认同。但在此之后的许多年中，该构想均因技术、资金等种种因素未能实施。

2005 年前后，中国再次提出泛亚铁路构想，以中国昆明为起点，分东线、中线和西线。东线经越南胡志明市、柬埔寨金边，至泰国曼谷，再经马来西亚延伸至新加坡；西线经缅甸、泰国曼谷，至新加坡；中线经老挝、泰国曼谷，至新加坡。计划三条线路中条件成熟的先建，而后经越南与缅甸的东线、西线因各种原因暂时搁置，经老挝、泰国的中线进展相对最快。

二、中泰高铁的规划和建设历程

中泰高铁的规划过程充满曲折，在历经多年的考察、商议、谈判等过程后，如今中泰铁路终于取得了初步进展。

在中国重新规划泛亚铁路构想时，中国和泰国便开始把握机会在铁路建设方面进行合作。2005—2014 年，泰国历任总理他信、沙马与英拉都曾向中国表达合作建设中泰铁路的意愿。2005 年至今，中泰高铁的规划大致可以分为以下三个阶段。

（一）第一阶段：考察期（2005—2009 年）

2008 年，泰国政府开放国外机构来泰国调研考察高铁建设，当时提出投资意愿的国家为中国和日本。中国看好东北部（曼谷—廊开）投资，而日本倾向于北线（曼谷—清迈）投资。中国当时也同时与老挝政府沟通关于修建高铁的计划，中国考虑到从中国境内可以延伸高铁到老挝，进入泰国廊开直通新加坡。但由于当时中国和老挝政府尚未达成一致，曼谷—廊开段的高铁计划随之暂停。

（二）第二阶段：反复磋商（2010—2016 年）

2010 年 10 月，泰国国务院通过了《中泰高铁合作与发展协议》。在此协议框架下，达成了五条线路的合作，包括曼谷—廊开、曼谷—罗勇、曼谷—南线、曼谷—清迈和曼谷—乌汶府。

2011 年底，泰国与中国政府签署《中华人民共和国和泰王国政府关于可持续发展合作谅解备忘录》，内容包括中泰高铁合资修建事宜。2012 年，经过两次部长级会议，泰国政府审批了曼谷到清迈高铁修建的部分预算。其中，2013 年 10 月，泰国与中国签署了《中泰政府关于泰国铁路基础设施发展与泰国农产品交换的政府间合作项目的谅解备忘录》，核心是泰国用农产品（包括泰国大米以及橡胶等）来支付中国投资高铁的部分产品和服务。但随后由于泰国政局不稳，2014 年，泰国国内情况发生变化，“大米换高铁”计划搁浅。

直到 2014 年泰国政治相对稳定，泰国再次提出中泰高铁建设，泰国官方明确了目标为建设“标准双轨道”。泰国与中国最终达成一致，修建从曼谷到廊开的东北线。中泰高铁南起泰国曼谷，北至泰国和老挝边境，与中老铁路接轨，形成直达中国昆明的大通道。这不仅是泰国第一条高铁，也是中国连通东盟的一条干线。中泰高铁泰国境内的路段被分为南北两期工程。一期工程南段由首都曼谷至东北重镇呵叻，全长约 250.77 公里，这一工程起自曼谷的挽赐火车站，经巴吞他尼府、大城府、沙拉武里府，到达泰国东北部重要交通枢纽呵叻，全程共设有 6 座车站，同时将建设两个动车所和一个调度指挥中心。一期工程包括 188.68 公里的高架桥路段、54.09 公里的路基路段以及 8 座隧道，预计耗资 1 790 亿泰铢，共涉及 14 个合同。二期工程从呵叻向北至泰老边境的口岸城市廊开，全长约 355 公里，并实现与中老铁路的连接。

2014 年 12 月 23 日，中国与泰国签署了《中泰铁路合作谅解备忘录》和《中泰农产品贸易合作谅解备忘录》。这意味着中泰两国“大米换高铁”的合作重新开启。此次推动的不仅是“大米换高铁”的合作，其内容也有了很大的升级，此次拟建设的中泰铁路，连接泰国北部的廊开和南部港口马普达普，总长度由之前的 300 公里增加到 800 多公里，而且将全部使用中国的技术、标准和装备建设。合作备忘录签署后，双方就项目设计、贷款融资、成本测算等进行了长达一年多的反复沟通，最终于 2015 年 12 月在大城府邦芭茵县举行了中泰高铁启动仪式。

但在 2016 年 3 月，泰国决定放弃合资建设，转为采用自筹资金建设中泰高铁，里程也大幅缩水，变成曼谷至呵叻，不到先前规划的三分之一，但仍使用中国技术、信号系统与列车，工程由泰企分包。但该计划遭到了质疑，认为这一新规划使铁路无法与中国相连，投资价值将严重缩水。中泰高铁建设再次横生枝节。中泰双方经反复磋商后，于 2016 年 12 月宣布，2017 年初启动曼谷至呵叻的设计时速 250 公里的高铁项目首期工程。首段工程为 3.5 公里的测试路段。

（三）第三阶段：建设期（2017 年至今）

2017 年 12 月，中泰高铁首段 3.5 公里（刚东—邦亚速）测试路段正式动工。中泰高铁合作项目一期工程全长 252.3 公里，其中，高架桥轨道线路长 181.94 公里，地面轨道线路长 63.95 公里，隧道长 6.44 公里。沿途共设 6 站，设计最高时速为 250 公里，建成之后从曼谷到呵叻的通行时间将从 4～6 小时缩短至 1.5 小时。

虽然在首段 3.5 公里测试路段开工时，各方对中泰高铁的前景均很乐观，认为首段 3.5 公里的中泰高铁首期工程因为不会牵扯到拆迁，也无须招标，可以加快施工进度。但事实上，由于进口设备、建材及铁路局内部预算管理问题，本应在 2018 年 10 月建成的首段工程严重拖延，到 2018 年 11 月仅完成了 40%的工程量，直至 2020 年下半年才竣工。

2020 年 10 月 28 日，中泰高铁合作项目一期（曼谷—呵叻）线上工程 2.3 合同签约仪式在泰国总理府举行。合同内容主要包括曼谷—呵叻段轨道、四电系统、机车车辆的采购、安装和调试以及相关培训工作。2020 年 11 月 26 日，中泰高铁一期项目举行承包商合同签署仪式，泰国国家铁路局与承包商共签署 5 份合同，总金额为 402.75 亿泰铢（约合人民币 87 亿元），此次签署的合同铁路工程总距长度为 101.15 公里。2021 年 3 月 29 日，中泰高铁合作项目一期三个标段的施工协议签署仪式在泰国交通部举行。一期路段预计在 2026 年底至 2027 年初竣工通车。

三、对中泰高铁规划的分歧和未来展望

（一）对中泰高铁规划的分歧

由于近些年泰国国内政治局势动荡，政府换届较为频繁，执政者频繁更替带来了更大的政治、经济方面的不确定性，也增加了高铁项目规划和执行的难度。除了政治因素外，从初期考察到最终方案确定的过程中，中泰高铁规划也存在着一些分歧，主要包括：

1. 高铁技术选择

在泰国修建高铁的计划初步提出时，中国和日本均有意愿在泰国进行投资建设。日本是世界上第一个修建实用性高铁的国家，从 1964 年就开始正式运营高铁项目，在高铁修建和运营方面具有丰富经验。中国的第一条高铁是修建于 2008 年的京津城际铁路，相比较而言，起步较晚。虽然事实上中国的高铁技术发展迅速、后来居上，但对泰国而言较难改变中方技术发展较晚的刻板印象。因此，在高铁修建上泰国对于选用中日哪国的高铁技术产生了一些争论。同时，虽然在 2019 年中国首次超越日本成为泰国第一大外商投资来源国。但此前，日本曾经是泰国最大的贸易伙伴和为泰国提供援助最多的国家，这使得泰国更易接受日本的方案。从实际方案来看，中日的高铁方案各有优势，中国的高铁造

价更低，但日本愿意提供更低息的贷款。最终，中国承担了曼谷至廊开的高铁建设工程，而日本承担了曼谷至清迈的高铁建设工程。

2. 资金来源和融资问题

据《曼谷邮报》报道，泰国政府认为中国提出的贷款利率（2.5%）太高，反复要求中国给出的利率不能超过 2%。时任泰国交通部长阿空对媒体表示，这个约 50 亿美元（约合人民币 325.66 亿元）的项目是政府间的合资项目，中国本该以“反映出中泰关系的友好利率”提供贷款。虽然日本在泰国高铁项目上提供的贷款利率仅为 0.1%，但在这一问题上，中国驻泰大使宁赋魁曾表示，中方向泰方提供 2.5%的美元贷款利率明显低于泰国国内融资成本，且美元贷款利率不能简单地同日元贷款利率作对比，中国克服成本压力，向泰国提供低利率美元贷款，充分体现了中方的诚意。

2016 年 3 月 25 日，时任泰国交通部长阿空表示，泰国不再寻求中国对曼谷至省级枢纽呵叻高铁项目的资金支持，而是将自行解决该项目的资金问题。据 *Thai Visa News* 报道，泰国总理巴育表示，中国希望在特许经营模式下投资该项目，泰国不能接受。巴育表示，采取独资模式之后，泰方将通过国家预算基金拨款和国内贷款为中泰铁路项目融资。

除了以上分歧外，在铁路设计时速、建设原材料的供应、成本估算、沿线土地开发权归属等问题上，均存在着大小不一的分歧，成为谈判耗时较长并影响和延长项目建设周期的重要原因。

尽管中泰高铁的进展如此艰难，从 2009 年泰国阿披实政府开始与中方接触至 2017 年正式动工，中泰高铁项目已历经泰国多届政府，其间因泰国政局变动，项目一度被搁置。但如今大部分分歧均已妥善解决，工程也正如期进行。

（二）未来展望

2021 年 12 月 3 日，连接昆明和万象、全线采用中国标准的中老（中国—老挝）铁路全线开通运营。这不仅为中泰高铁的顺利建设提供了充分的借鉴，也为中泰高铁进一步连接中国、缅甸和泰国提供了先决条件，无疑为中泰铁路的规划和建设注入了一针强心剂。正如中国香港的《南华早报》此前报道称，中泰铁路有望成为中国“高铁外交”的又一个里程碑。时任泰国交通部长萨撒扬也表示，中泰高铁项目有助于推动泰国成为东盟运输和物流枢纽，带动铁路沿线地区的贸易、投资和旅游发展。这将提升泰国的基础设施和交通运输水平，有助于缓解泰国的收入不平等状况，同时可以学习中国先进的铁路建设经验。

事实上，在中泰高铁建设的筹备阶段，泰方的关注点之一就是高铁能给泰国经济究带来什么样的深远影响。对于这一问题，当前的研究尚未进行系统地回答。虽然近些年来中国高铁建设取得了卓越的成就，但对于这些成功经验尚待系统地总结和分析。本书则希望基于中国高铁的成功经验，对高铁将给泰国经济带来怎样的积极影响这一问题做出回答，希望能够为中泰高铁规划和建设的积极作用加以佐证，为这一项目的顺利进行起到推动作用。

第二节　中泰高铁的价值与意义

第一，中国“一带一路”倡议符合泰国的发展需求，中泰高铁项目是两国在“一带一路”框架下重要的互联互通项目。作为中国连接陆上东盟与海上东盟的重要交汇点，泰国正在积极推进国内基础设施建设，这不仅能够促进泰国经济发展，也将有利于区域互联互通，能够将泰国各个区域连接起来，为泰国经济发展提供新契机，助力泰国可持续发展并向高收入国家迈进。

第二，中泰高铁也是一个惠及整个东南亚的惠民工程。高铁合作项目不仅带动泰国东北部发展，二期工程还将把铁路延伸至与老挝首都万象一河之隔的廊开府，实现与中老铁路磨丁至万象段的连接，使泰国整个国家及周边区域受益。中泰高铁全线建成后将形成从昆明直达曼谷的快速通道，把东南亚铁路网与中国乃至整个欧亚大陆的铁路网连接起来，不仅方便沿线地区民众的出行和相互往来，也有利于促进沿线地区的市场开放整合和生产要素的优化组合，带动生产、贸易、物流、旅游业的发展，为沿线国家经济发展注入新活力。中泰高铁也是整个泛亚铁路的推进与完工的重要组成部分。中泰高铁的完工对与后续国家的合作具有重要的借鉴和示范意义，可加速推进“泛亚铁路”建设，进而对于区域全面经济伙伴关系协定（RCEP）有着重要的促进与提升作用。

第三，泰国是中国共建“一带一路”的重要合作伙伴，中泰高铁合作项目的建设将有利于带动铁路沿线地区和产业的繁荣发展。中泰高铁建成后，从曼谷至昆明的高铁票价只有机票价格的1/3～1/2，而货运费用仅为航空货运费用的1/9，不仅为泰国增加数以百万计的中国游客，为泰国农产品出口提供便利，提高泰国农产品竞争力，使泰国搭上中国经济发展的快车，促进泰国经济发展，并利用泰国与周边国家的互联互通，使泰国成为东盟的交通枢纽，进一步奠定泰国作为地区互联互通枢纽和东盟重要经济中心的地位。实际上，中泰高铁的每一个进展，都让中国“一带一路”建设与“泰国4.0战略”的衔接更加紧密。泰国将成为“一带一路”交通网络的一部分，有助于泰国成为东盟交通和物流中心，提升其枢纽地位。同时，中泰高铁也将成为连接东部经济走廊与中国的大动脉，促进泰国同中国巨大市场的对接，为泰国经济发展提供基础设施保障。

第四，中泰高铁的建设也推进了人才培训的合作。随着中泰高铁合作项目的推进，泰国对既懂铁路技术又懂汉语的人才需求大增。2014年，中泰两国启动了高铁相关领域的教育培训合作项目。中泰高铁的发展自然而然带动了其他领域的合作，形成“双赢”的合作局面。

第四章　高铁建设对区域经济发展的作用机制研究

随着“一带一路”大背景下高铁网络的完善与区域经济的发展，高铁对于区域经济结构、区域经济和政治环境、区域竞争等方面的作用愈加显著，高铁也引起了学者和实业界的重点关注。高铁时代需要重新审视区域经济发展空间，探究高铁打破区域空间格局、重构城市生态空间结构、推动资源要素重新配置的作用机制。基于此，本章遵循系统科学的研究原则，从理论基础出发，以甘肃省高铁为分析案例，探讨影响高铁基础作用的构成要素，并着重分析高铁对区域经济发展的作用机制，为后续研究奠定理论基础。

第一节　理论基础

一、区域经济理论

区域经济理论主要研究区域资源的优化配置、区域经济发展的空间不平衡性、区域经济发展的阶段性以及区域经济发展的互动性。近年来，学者们越来越关注高铁项目对区域经济所带来的广泛影响，主要包括对区域生产效率提高、产业布局、就业和区域发展的影响。第一，区域资源的优化配置是通过探索区域内有效的要素配置来获取利润的，要素配置差异直接影响资源使用效率，从而影响区域内经济是否能够达成优化配置。第二，区域经济发展的空间分布情况受到区位条件、自然资源情况、社会发展、劳动力情况、经济基础等条件的影响，这种不平衡性具有相对的稳定性和普遍性，如何通过一定的机制和制度安排来调整区域经济发展的空间不平衡性是区域经济理论研究的重点。第三，区域经济发展的阶段性是指区域经济发展过程中由于区域发展条件的不同变化，不同时期所表现出来的不同特征。这也是区域经济发展过程中不可忽视的客观规律。第四，区域经济发展的互动性是指区域经济发展过程中的动力机制，这种互动性不仅仅包括人与空间环境和物理环境的互动，也包括区域要素、地理环境、生态结构之间相互作用的动态过程，是区域经济理论的重要组成部分。

从区域经济理论的视角来看，高铁对于区域经济发展的作用机制有助于充分分析经济活动的地理分布和空间运输组织的动态变化对区域经济的影响机制。首先，高铁影响区域的生产率。可以从两个方面来分析高铁条件的改善对生产率提高的贡献。一是在厂商层面的分析，主要分析高铁对运输条件的改善所带来的运输成本的降低；二是在整个地区层面的分析，在考虑其他生产要素贡献的同时，调查研究高铁这一要素对区域生产活动的贡献，需要用到地区生产函数。其次，高铁影响区域生产活动再布局。高铁的修建和运营对区域经济具有时空压缩作用，使高铁能够重构区域经济，能够影响区域经济布局和区域就业。最后，高铁影响区域经济集聚。高铁的区域经济理论包括（但不限于）新经济地理学和在其基础上有关内生增长模型的研究。这些理论都表明，交通可达性的微小变化对集聚效应中生产率的增长有显著的影响。在交通已经改善了的地区，与高铁有密切联系的企业数量越来越多，这就是所谓的跨市区产生的外部经济规模。

二、系统论

系统论是研究系统内各个要素之间结构与功能的理论。系统是指由一系列相互关联、相互作用的要素构成的有机整体，这些要素具有特定的功能和运动规律。系统功能的发挥取决于系统各部分之间的结构运行状态，各部分之间的整体功能不总是等于各部分功能之和。在和谐有序的状态下，整体功能大于各部分功能之和，且能够获取额外功能收益。如果各部分功能处于干扰和冲突的状态，则整体功能小于各部分功能之和。与此同时，系统论中各部分之间的结构如何发挥功能还取决于环境，因为功能是系统在一定环境下所发挥的作用。因此，在系统要素已经确定的情况下，系统论强调系统的时间结构和空间结构以及外部环境之间的相互作用是决定系统功能的关键。此外，系统、要素、环境在相互关联和相互影响的过程中具有动态性，也就是说，任何系统都是一个运动的过程，与外界相互交换和相互作用。

从系统论的角度来看，高铁是一个在特定的时间和空间里，由基础设施、通信系统、运载工具、人员物资等若干相互作用和相互制约的要素所构成的具有特定功能的有机整体。从系统论的角度出发，来研究高铁对于区域经济发展的作用机制，具有一定的理论指导价值，也是现代高铁研究、运输经济和区域经济研究中的重要问题。

三、生态系统理论

生态系统是指在一定的空间范围内，空间内元素与环境构成的统一整体。生态系统中的运动机制依赖于空间内元素与环境之间相互影响和相互制约的关系，在一定时期内，生态系统中的构成部分处于相对稳定的动态平衡状态。随着时间的推移以及生态系统所具有的开放性、循环性的特征，生态系统通过不断地从外界获取能量来维持自身的稳定和更高水平的发展。生态系统理论将系统区分为最内层的微观系统、中间系统以及最外层更为广阔的宏观系统，更为重要的是，时间维度也包含在生态系统中并且发挥重要作用。而在这些系统中，系统与其中的个体相互作用，系统离不开元素的构成，系统如何发展、以何种速度发展、向什么方向发展都受到元素以及元素之间相互作用的影响。同时，元素的发展离不开系统的作用，元素如何发挥作用、以何种机制发挥何种作用也与系统质量、系统效率有密切联系。

从生态系统理论的角度来看，高铁是区域经济整体发展过程中出现的一个系统元素。其对区域经济的发展能够起到什么样的影响和作用？何种机制在起作用？其所处的区域经济环境对于高铁发挥作用有何种基础性作用？对于上述问题的研究，生态系统理论具有较好的理论适用性，有利于将高铁的研究放入生态系统中以探索其内部作用机制，从而能够更好地明确高铁建设对于区域经济发展的作用机制。

第二节 影响高铁基础作用的构成要素

作为20世纪后半叶最重要的客运技术突破成果，高铁的开通和运营给区域经济带来了巨大的影响。随着高铁网络化的推进，高铁网络的外部性逐渐显现出来，与此同时，区域高铁网络间的差异也显现出来。尤其是当高铁的市场需求不断上升时，高铁网络对区域经济影响的差异不断增大。何种因素对高铁网络和区域经济之间的作用机制产生影响，使得高铁对区域经济的影响存在差异？对影响高铁基础作用的构成要素进行分析，有利于深入理解高铁建设对区域经济发展的作用机制。一般来讲，影响高铁基础作用的构成要素主要包括区域经济、社会质量以及时间周期等。

一、区域经济、社会质量对高铁基础作用的影响

区域经济、社会质量对高铁基础作用的影响主要可以通过交通运输市场和生产要素市场来体现。一方面，优质的交通运输市场和生产要素市场有利于高铁发挥其对区域经济的刺激作用，使得高铁网络效应得以释放并不断强化；另一方面，高铁的开通和运营也将在原有经济发展基础上进一步推动交通运输和生产要素这两类市场的持续发展，从而形成相互强化的驱动机制。

（一）交通运输市场

高铁作为新型交通运输方式，其便捷性、舒适度、经济性以及时间效率方面的优势诱发了大量的客运需求，城市间交通条件的改善能够对区域经济的发展提供支撑。而区域经济的发展、良好的社会质量、稳定的就业市场能够为交

通运输市场带来持续不断的活力，高铁的客运量将进一步提升，二者形成相互强化、共同提升的持续发展模式。另外，区域交通运输市场中除了高铁之外，还存在公路运输、航空运输等方式。这些不同的运输方式相互竞争，而良好的交通运输市场依赖于市场化的区域经济制度和健康的市场竞争机制。这会对高铁的发展起到重要的推动作用，有利于高铁运输网络通过其技术经济优势，在不同运输方式的竞争中吸引客源，重构运输市场结构，从而使得高铁能够更好地发挥撬动区域经济发展的杠杆作用。

（二）生产要素市场

生产要素市场的质量和市场竞争程度能够体现出区域经济质量和社会质量。生产要素市场一般包括劳动力、资金、技术、信息以及制度环境等，优质的生产要素市场能够增强城市对优势产业、优势企业的吸引力，使得这些产业和企业向更优要素区域集聚。对生产条件和市场的竞争也使区域要素价格不断提高，优化产业布局，使得更好的要素资源与优势产业进行匹配，从而推动产业结构升级。良好的生产要素市场能够将高铁对区域经济的影响进行杠杆式扩大，而高铁对于区域经济要素的正面作用是非常重要的。高铁建设带来的投资的增加会直接引起生产资料需求的增加，进而带来就业以及国民收入的增加，同时会对消费产生作用力。这种经济学理论中的投资乘数效应能够提高资本要素流动效率，推动区域经济的全面发展。此外，高铁的建成会极大地增强区域合作的紧密度，促进区域之间信息平台的建立，使得信息要素、知识要素、劳动力要素、土地资源在不同区域间流动，反作用于高铁网络的发展。因此，良好的生产要素市场能够形成不断强化的驱动机制，推动高铁所在区域的产业发展。

二、时间周期对高铁基础作用的影响

时间周期是高铁对于区域经济和社会发展产生基础影响差异的重要因素。

从短期看，高铁的影响主要体现在对区域要素市场的影响上，主要包括对交通市场的冲击，引发交通方式的竞争。相应地，时间周期对于高铁的基础作用是显性的、即时的，在高铁开通运营之后不久便可以体现出来。从长期看，高铁的影响主要体现在对区域要素市场的分化和整合上，它能够优化要素市场结构，推动区域经济社会结构调整。相应地，时间周期对于高铁的基础作用是长期的、复杂的、深层次的，并且与其他区域因素组合在一起，产生交互的、多层次、多角度影响。

第三节　高铁建设对区域经济发展的作用机制

甘肃省优化空间布局，加快构建“一轴、一核、三廊、五极”高铁经济空间发展格局，通过高铁站点形成的经济增长点来推动优势产业转型升级和产城融合，再辐射带动形成区域增长极，通过加强省际、区际、城际高铁通道建设，形成经济发展轴带，从而全方位推动区域经济发展。本节将通过深入分析甘肃省高铁的空间发展格局和发展逻辑，来探究高铁对区域经济发展的作用机制。

一、高铁的通达性、时空重构效应与企业经济效益

通达性是指从一个地点出发到达另一个地点的难易程度，常用来衡量线状的交通线、点状的城市中心型或核心—边缘结构中活动的便利程度。区域城市内的通达性能够呈现出区域内或城市间点到点之间的可达性，这种交通通达性具体体现在交通便捷程度、所需时间、舒适程度、可选方案数量等方面。

高铁的开通和运营能够通过显著提高区域内的通达性，产生时间收缩效应和空间转换效应，即重构时空来促进区域经济发展。

（一）通达性提升带来时间收缩效应

甘肃高铁在建设现代高效的运输大通道上能够发挥关键性的作用。甘肃高铁能够发挥甘肃沟通西南、西北的枢纽作用，提升中国与蒙古国的经贸往来效率，同时能加强与宁夏、内蒙古、山西、陕西等地区的运输效率，还能够极大限度缩短陇东、陇东南区域的对外交通效率。高铁开通后，所在区域的交通运输方式得到补充或丰富，点到点之间的到达时间显著缩减，花费同样时间人们

的出行范围和出行频次得到大幅度提高。区域之间通达性提升所带来的时间收缩效应节约了出行时间，降低了出行的时间成本和机会成本，促进了生产要素的自由流动。

（二）通达性提升带来空间转换效应

从核心—边缘结构考虑，高铁开通后，区域内城市的相对地理区位发生改变。开通高铁的城市能够由边缘空间结构进行区位上移，甚至上升为区域内的核心区位，提升了其经济发展的区位优势。甘肃高铁在总体布局上通过依托高铁站点来集聚新的经济增长点，推动优势产业转型升级和产城融合，再以此为基础形成辐射带。通过辐射带来带动区域发展，形成新的增长极。从甘肃高铁的总体布局上可以看到“一轴、一核、三廊、五极”的高铁经济空间发展结构。其中，“一轴”由陇海—兰新主通道和兰张—兰庆辅通道组成；“一核”指枢纽核心区，包括兰州市老城区、兰州新区、白银市等经济优势区位；“三廊”指中部、东部、西部发展走廊；“五极”指酒（泉）嘉（峪关）、平（凉）庆（阳）、天水、金（昌）武（威）张（掖）、陇南五个区域增长极。“一轴”和“一核”实现集聚引领，“三廊”和“五极”形成区域辐射。此外，甘肃高铁经济发展过程中，政府注重构建协调联动的发展模式和空间格局，这主要体现在整个省的主体功能布局和空间规划的衔接上，依托了高铁站点来打造新的经济增长点，吸引人才与产业结合，通过新的经济增长点来使得人才向内流动。通过人才的集聚效应，进一步推动优势产业转型升级和产业与城市融合。甘肃高铁的建设和布局产生了很好的时空连接效应，缩短了时间和空间成本，给经济圈和城市群带来了发展动力。通过对甘肃高铁的分析可以看出，高铁的修建能够通过改变通达性，使得原有地区的经济地理位置发生变化，从而影响到区域内的空间结构、经济结构和政治结构。进一步地，空间转换效应能够区分为集聚度和辐射度。

1. 集聚度

从集聚度的角度看，当原处于边缘结构的城市开通高铁后，通达性的提升在时间上和空间上能够进一步强化高铁沿线中心城市的经济集聚功能。一般来讲，这种集聚功能表现为强化已有的经济功能或给低增长的区域带来新的经济活动，促进经济转型区域的经济活动，提高集聚度，产生规模效应，培育并形成新的经济增长极。

2. 辐射度

从辐射度的角度看，某一区域开通高铁后，这个区域能够成为互联互通高铁网络中的节点，在整个网络中其连接机制将由“点—点”升级为“网络辐射”。这就能够大幅度提升高铁城市和整个区域的连接度，通过这种空间转换效应的升级充分发掘交通优势，推动区域联系和发展。此外，这种辐射度不仅仅体现在高铁网络节点上的辐射，更体现在沿线中心城市对周边城镇和农村地区的辐射能力上。也就是说，高铁通达性所带来的空间转换效应也为高铁周边的乡镇和农村地区带来了不可忽视的辐射度，推动中心城市边界向周边地区扩展和延伸，也推动周边地区向高铁城市汇集，形成资源的有效流动。

（三）时空重构效应下的企业经济效益

甘肃高铁构建 6 个“1 小时高铁经济圈”，包括兰白高铁经济圈、酒嘉高铁经济圈等。以兰白高铁经济圈为例，该经济圈覆盖范围较广，有利于依托高铁发展，搭建产业发展平台，促进企业经济效率的提升。基于高铁建设和运营带来的时空重构效应，处于高铁区域相关企业的经济效益将受到影响。首先，大量研究指出，交通基础设施能够显著促进企业生产率，高铁与企业全要素生产率之间也存在正向关系。通达性提升后，会带来劳动力市场和要素市场结构的调整，市场准入情况也会发生变化，这都会导致产品和要素流动的成本降低，从而给企业带来同等条件下更优质量的要素或更低价格的要素。其次，高铁带来的通达性变化和时空重构将影响企业选址和产业集聚。西班牙、墨西哥、印度等国家的实证研究均指出，交通基础设施能够影响配置效率，从而对新企业选址、地址变更以及产业集聚和经济效益产生影响。此外，高铁的通达性以及带来的时空压缩能够影响企业存货情况，带来库存成本的降低。这也会促进企业供应链优化、供应商调整，甚至可以提升生产专业性，提高企业生产率。

二、高铁的乘数效应与产业园区发展

法国经济学家弗朗索瓦·佩鲁通过对实际经济活动的观察，发现经济增长的不均衡性和极化趋势，由此提出经济增长极理论。增长极主要通过乘数效应等对区域经济活动产生影响。具体来讲，乘数效应是指通过相关或互补的产业关联产生扩散收益，这种产业关联包括产业的前端联系、产业的后端联系、旁侧联系以及支持性产业的互补联系。主导产业作为推动型产业，在扩散收益的作用下，使得相关产业得以成倍增长，从而产生乘数效应。

产业园区是一个区域经济和城镇化发展的重要载体，它是由政府或企业为实现产业发展目标而创立的集中的产业区位环境，主要包括高新技术开发区、物流产业园、文化创意产业园区、科技园、产业新城等类型。现有经济布局中，产业园区往往和城市发展相结合，形成园—城互动的发展格局。而高铁的修建和运营，能够通过其带来的乘数效应促进产业园区发展，完善一体化的产业生态，提升区域经济价值。高铁对产业园区经济发展的乘数效应主要是通过重构产业园区的产业构成、吸纳和筛选经济元素来促进区域经济发展。具体表现在以下三个方面。

（一）乘数效应下的园区业态过渡

产业园区是区域经济的重要组成部分，其发展过程中的园区业态会跟随区域整体经济情况的改变而发生改变。高铁的乘数效应表现为高铁开通运营后，园区相关或互补的产业关联出现扩散收益，园区产业的优化配置能够促进区域经济发展。

具体来讲，从甘肃高铁建设可以看出，甘肃高铁是以兰州新区、国家级（省级）开发区等为载体，构建石化、有色金属深加工及新材料、优质钢铁、先进装备制造、煤炭、农产品加工六大优势特色产业基地。与此同时，高铁开通后，高铁经济圈形成，通过服务业的集聚区和现代产业园区，形成有核心、有轴带、有园区的产业业态布局，实现资源优化配置和集聚发展。事实上，在形成高铁经济圈的过程中，甘肃高铁建设一直关注建设一套运输体系，并不是仅仅打造一条高铁作为主要交通运输方式，而是建设综合性的交通运输体系。这种综合性的交通运输体系，包含路桥主辅通道和支线能力，通过客货分线、客运高速化以及货运重载化来进一步提升主通道的运输能力。举例来讲，在运力较为紧张的局部路段实现分线，重点建设了兰州—平凉—西安、兰州—庆阳—延安（黄陵）、中川—环线—延安等通道，通过这些辅助通道来分流交通压力，从而能够更好地为经济圈和城市群的发展搭建基础，带动沿线城市经济社会发展。通过甘肃高铁的模式可以看出，在高铁开通前，产业园区主要集聚着相应行业的生产制造企业，以工业形态为主，常住人口数量有限，产业园区内部企业对公共服务设施的需求主要集中在物理空间、公共服务设施以及一些支持服务，包括商业注册、财务配套、法律咨询等，此时的产业园区仅仅容纳了产业发展功能。产业园区所在区域开通高铁后，园区业态将发生明显变化。首先，高铁的建设为产业园区发展带来了显著的外部交通优势和市场机遇，入园企业数量增加，产业层次得到提升。其次，高铁的建设不仅推动园区在产业集聚方面得到发展，更增加了园区对服务性企业的需求量。也就是说，高铁站区与产业园区的结合能够黏合人口居住和商务办公多重属性，吸纳科技研发、商业配套、金融娱乐等生产与生活性产业配套。最后，园区的业态发生转变。从单一的产业园区发展为产业综合经济体，通过园区业态重构来促进产业园区的发展。

（二）乘数效应下的园区产业更新

产业园区内部的产业结构不是静止不变的，而会随着区域经济的发展而不断更新和调整。高铁具有良好的城市内外交通连接能力，其乘数效应表现在通过连接产业的前端和后端，对区域内所有企业进行重新组合。

具体来讲，甘肃经济布局中，依托高铁的乘数效应，促进技术扩散和产业拓展，提升了承接产业转移的能力，通过补充产业链、强化产业链、延展产业链，推动化工、有色金属、冶金等园区产业更新。以化工产业为例，依托兰州石化、庆阳石化、庆阳西峰工业园区、平凉工业园区等重点园区，不断更新新型精细化工产业，不断连接储运和生产环节。同时，围绕陇东能源化工基地和嘉峪关煤炭储运区，不断完善产业技术和产业链，推广脱硫脱硝除尘的生产设备，加快石化产业园区的生产技术改造。从上述变化可以看出，一般来讲，高铁开通前，产业园区处于相对独立的发展状态，其功能定位和产业选择缺少区域视角，产业的前端联系、产业的后端联系、旁侧联系以及支持性产业的互补联系不足，发展基础和发展动力都有待提升。高铁开通后，其所在区域成为城市空间扩展的新元素。高铁的乘数效应表现在，园区与高铁的结合实现了与高铁网络的连接，使得园区的产业有了跨越式更新的物理基础。一方面，高铁乘数效应能够使得园区主导产业作为推动型产业在扩散收益的作用下能够进行现有产业布局式更新；另一方面，也能够增加产业园区承接区域性产业转移的机会，把握区域总体经济发展趋势，进行园区产业换代式更新。也就是说，高铁的乘数效应使园区的产业进行布局式更新和换代式更新，通过园区产业重构来促进产业园区的发展。

（三）乘数效应下的园区空间互动

上述分析表明，高铁站区和产业园区不是孤立存在的，二者具有协同发展的基础和动力。园区和高铁之间的协同使得“园区—高铁—城市”的三元空间互动体系得以构建。高铁的乘数效应表现在通过连接物理空间、扩展产业空间，形成高铁与周边产业园区以及中心城区之间的空间互动格局。

具体来讲，甘肃高铁经济发展过程中，“高铁＋”的新业态能够深度融合发展，使得原本割裂的产业空间布局相互连接、相互作用。甘肃高铁产生了“高铁＋文化旅游”“高铁＋快递物流”“高铁＋跨境电商”“高铁＋特色农业”等模式，将高铁沿线空间进行横向连接，吸引高铁沿线的土特产、农副产品、生鲜水果、时令蔬菜等特色农产品企业组成的产业园区入驻高铁快运的跨境电商平台，通过高铁为枢纽的快递物流增值服务链，结合文化旅游产业和基于高铁新开发的各类消费产品，实现快速直销，促进绿色农业、电子商务、国际物流等一些产业区域的空间互动。除了甘肃高铁的“高铁＋”模式，甘肃高铁也非常注重增强国际化运输服务能力，将这种“高铁＋”的模式向整个“一带一路”跨境运输走廊延伸。这一方面增加了货物运输的便利，更加有效地利用了运输线路，另一方面也能够更好地整合中欧班列的资源，构建“点对点”的高效运输组织体系。当然，在整个规划和建设过程中，政府不断通过投资、租赁、技术合作等多种方式来推动区域经济发展，推动省内企业全方位开展对外合作。总的来讲，高铁开通前，产业园区和主城市的互动融合发展动力不足，产业园区对主城区的反馈非常有限。而高铁的开通使产业园区和主城市之间通过交通运输和经济元素的流动形成立体空间，从根本上使园区空间的互动成为可能。高铁的乘数效应表现为：通过高铁的扩散收益，使园区、高铁、城市之间形成了物理空间同构、产业空间融合、交通空间衔接，从而推动相关产业得以成倍增长。即通过园区空间、高铁空间和城市空间的重构实现三者之间的互动，通过这种机制来实现产业园区的跨越式增长。

三、高铁的技术创新溢出效应与产业结构调整

奥地利学者熊彼特在其著作《经济发展理论》中首次提出了创新理论，并指出“创新是建立一种新的生产函数，将从未有过的关于生产要素和生产条件的新组合引入生产系统”。随着创新理论的深化和发展，技术创新学派更加关注知识和技术的变革、创新、扩散。已有研究指出，交通基础设施是具有网络属性的，这种属性有利于区域之间的知识溢出，对技术创新和全要素生产率的增长都有显著作用。

产业结构是指产业内部各要素之间、产业之间、时间、空间、层次五维关系，受到多种因素的影响。其中，知识和技术创新是产业结构调整的主要动力，技术创新能够推动新产业的出现，调整需求结构和需求偏好，进而促进产业升级。而高铁的修建和运营能够通过其带来的技术创新溢出效应扩展科技进展的范围，使得行业技术积累出现提升，推动产业结构优化。高铁对产业结构调整的技术创新溢出效应主要是通过重构产业结构来推动区域经济发展的。具体表现在如下三个方面。

（一）技术创新溢出效应下的产业链更迭

熊彼特作为创新理论的创始学者，提出创新并不是某个企业或组织的孤立行为，它需要产业链的不断优化才能得以实现，从而推动研发产品在产业链上的投入和整个产业结构效率的提升。与此同时，持续迭代配置的行业状态反过来能够强化技术创新的溢出。高铁的技术创新溢出效应有利于产业链的更迭，从而推动产业结构调整。

甘肃高铁能够在经济发展过程中发挥出集聚和溢出效应，聚合产业创新资源和供应链服务要素，坚持创新性，促进战略性新兴产业，包括先进装备制造、新材料、生物医药、新一代信息技术、新能源、军民融合等产业的发展，来不

断推动产业链的发展。以生物医药产业为例，甘肃高铁依托兰州生物产业基地和国家中医药产业发展综合试验区，推广智能、高技术含量的制药生产技术，集聚生物技术药物、现代中药、中药健康产品先进技术，推动高铁沿线的兰州市、武威市、白银市重离子治疗肿瘤基地和诊疗设备产业园的技术更新。甘肃高铁也有利于上述区域的技术共享交流以及跨区域、跨产业的合作。此外，甘肃高铁区域进行了产业结构同步转型升级，从而强化了高铁经济功能助推产业转型升级。传统的产业逐一给出转型升级方向和发展重点，以农产品加工为例，大力发展马铃薯、果品等加工业，发展脱水蔬菜产业，提升清真食品加工能力，积极拓展并延伸乳品加工产业链，发挥品牌影响力。对新兴产业来讲，促进新兴产业的联动发展，以新能源为例，抓住机遇，积极发展太阳能、风力发电等，持续优化清洁能源产业，提高清洁能源与高铁优势的结合度，建设示范城、示范区。现代服务业，主要包括文旅观光、商贸会展业、数据信息产业等，主要是提升品质效率。通过一系列的产业调整和产业升级，为当地高铁经济圈的发展注入实质性产业元素，加大投资，为企业发展提供优先扶持、减税等优惠政策和便利条件，从而促进高铁经济圈和城市群的可持续发展。

从对甘肃高铁的分析可以看出，高铁的技术创新溢出效应主要体现在如下方面：首先，高铁的开通提高了沿线的创新要素集聚的可能性。这些创新要素包括创新人才、技术型劳动力、创新资金等。高铁的运行提高了上述创新要素的流动性，降低了时间成本，同时打破了创新溢出在空间上的限制，从而加快了新知识和新技术在不同区域的传播，有利于发挥技术创新溢出效应。高铁的技术创新溢出效应加速了区域内产业的竞争机制，通过产业竞争，集聚在高铁沿线的产业进行市场的自然选择，进行产业链的调整和更迭。其次，高铁的开通有利于通过组织产业内、外部企业间的学习活动来加速知识和技术共享，带来技术创新外溢。已有研究指出，隐性知识作为技术创新的主要知识来源，具备区域黏性，知识外溢效应的大小受到企业所处位置与技术源距离的影响。而高铁的开通能够促进隐性知识在高铁网络间的溢出和吸收，从而提高企业知识的学习和创新速度，进而促进产业链的升级和产业结构调整。此外，高铁的开通有利于企业跨区域合作，能够通过建立稳定有效的产学研一体化网络带来技术创新外溢。高铁的开通有效推动了高铁沿线城市全方位的技术合作，实现创新能力的溢出和扩散，从而能够提升产业链更迭的水平和效率。

（二）技术创新溢出效应下的传统产业和新兴产业

新知识存在区域溢出效应，而新知识的出现会带来创新能力的提升和新技术的发展，技术创新的溢出效应也带有地理区域特征。而新兴产业的发展以及传统产业向新兴产业的转变主要在于新的科研成果和新兴技术的诞生与应用。不断优化并提升劳动力密集型、以加工制造为主的传统产业，通过新的经济部门或行业的发展在更大范围内应用技术创新成果。

甘肃高铁建设能够影响到传统产业、新兴产业的技术创新溢出。以有色金属深加工为代表的传统产业中，甘肃高铁建设有利于加快延伸铜、铝、稀土、镍和稀贵金属产业技术，推动铝液的就地转化技术能够溢出到嘉峪关、白银、兰州等地的铝初加工产业基地。新兴产业中，以新能源产业为例，甘肃高铁建设有利于在区域内形成从风机核心零部件到整机生产制造的全产业链体系，更好地发挥省风电装备制造全产业联盟的知识技术普及作用，推动精密铸件和核心零部件的布局生产。

因此，通过上述分析可以看出，一方面，高铁建设本身能够提高该产业的自主研发能力，产生一定的技术外溢性。这种技术外溢性能够带动精密仪器、动力燃料、钢铁及钢铁配件、机车制造业、建筑业、能源开采、电子设备、智能配套等一系列相关产业的技术发展，推动这些产业不断升级换代，以匹配高铁技术的进步。这有利于高铁沿线地区分享到技术创新外溢的成果，带动传统产业向新兴产业转型。事实上，高铁的开通能够直接影响区域内的产业结构，产业转移将为相对落后地区的产业带来承接经济发达地区产业转移的机会，从而带动产业结构的全面调整。另一方面，高铁的建设运营，能够促进沿线区域产业发展的自主创新和协同创新能力，通过高铁本身的技术创新外溢来为区域产业带来机遇。高铁投资建设后，相应的铁路装备制造业也得到了匹配式升级换代，中国的制造业在高铁带动下能够从劳动密集型向技术密集型转变，从低端、可替代性更强的传统制造向高端、新兴的技术制造转变，这就能够推动产业结构的优化更新。此外，在区域产业发展层面，高铁的技术创新溢出能够带动产业协同创新，为传统产业向新兴产业升级提供通道，并为高新技术产业发展带来支撑。产业结构的升级能够进一步推动产业链上下游企业的研发创新，强化技术链，有利于区域间技术和创新知识的共享，实现区域产业从劳动密集型的传统产业向知识和技术密集型的新兴产业转型，促进产业结构的优化升级。

（三）技术创新溢出效应下的第三产业

在现代交通网络概念中，时间、空间、知识、信息依附于网络，实现交流共享和连接。高铁的建设能够提供基础网络条件，使得点—点、点—线、线—线的连接网络化，推动知识和技术的溢出，通过带动第三产业发展来促进产业结构优化转型。

从甘肃现代服务业发展来看，现代物流业的绿色生产在甘肃高铁推动下，能够更好地贯通西北、西南的现代物流中心，促进绿色消费，建设流通服务体系。从甘肃的文化旅游产业来看，甘肃高铁能够通过人才交流和知识互换，使知识经济与商业、服务业等第三产业都能够得到发展，从而促进产业结构优化。从甘肃高铁与数据信息产业的发展来看，高铁能够完善数字基础设施，加快推进兰州“宽带中国”示范城市和天水“数字城市”建设，加速打造云计算数据中心、金昌“紫金云”大数据产业园区等服务业集聚区。同时，能够通过技术创新的复制来建设“丝绸之路信息港”，搭建兰州、陇南电子商务平台。

因此，通过上述分析可以看出：一方面，高铁的开通运营能够增强沿线城市间的知识联系，扩大知识溢出的频率和范围，从而产生更多的知识和创新。这就能够在高铁的知识和技术溢出效应下，推动知识型、服务型第三产业的发展。对日本新干线的研究表明，高铁提升了商业服务、研发创新、教育培训、技术分享等活动数量。对欧洲的高铁研究表明，里尔地区服务业和知识密集型产业的发展得益于高铁的开通，欧洲范围内高铁对沿线城市第三产业的发展有重要的影响。中国的数据表明，高铁的建设与知识密集型服务业从业人员数量显著正相关，对中西部地区产业结构调整的杠杆作用更加显著。另一方面，高铁利用自身系统的低碳减排效应，能够通过其绿色特征来带动第三产业发展，并在一定范围内降低第一产业和第二产业潜在污染的风险。高铁的这种优势也体现在其运营后，旅游、商贸、文化教育、娱乐等产业迅速发展，这类与人流密集相关的产业直接促进了第三产业的发展。另外，高铁有利于实现区域内的资源共享，推动比较优势的形成，刺激服务型产业消费，推动区域产业结构调整。

四、高铁的辐射效应与区域生态结构升级

美国经济学家阿尔弗雷德·马歇尔在其1890年的著作《经济学原理》中提出外部经济的概念，从而产生了外部性理论。瓦伊纳基于外部性理论提出了技术外部性，技术外部性会使得区域发展和地区间资本收益出现差异性，这就需要机制来平衡动态效率差异和空间位置差异。从经济学的外部性理论可以看出，交通基础设施建设能够优化区域规模结构，对以往城市发展中产生的产业结构方向不同、产业布局比重不同的情况有一定的引导和辐射作用，能够通过外部性重构区域的等级体系。

区域生态结构是指区域内各种成分在空间和时间上相对有序的稳定状态，主要包括区域经济格局、区域系统服务功能、区域生态规划和调节等。人们处在某个区域内，正是在一定的约束条件下，利用区域生态结构进行目标的制定和实现。高铁作为区域生态系统中重要的基础设施建设，其修建和运营从功能上通过其带来的辐射效应来引导资源的流动，通过资源要素的优化配置和区域发展的再调整为区域生态提供了升级的可能性。高铁对区域生态结构的辐射效应主要是通过重构生态机制来实现的，具体表现在如下三个方面。

（一）辐射效应下的区域生态绿色重构

在经济学概念中，区域的均衡发展是指通过经济机制的作用，实现区域内要素的相互支持和相互制约，从而实现良好发展的状态。在区域发展过程中，交通基础设施产生的外部性对区域环境不可避免地产生影响。而高铁作为重要的交通途径，其不仅仅承载了运输、传播等功能，更为高铁相关区域带来了经济系统和生态系统的重构。世界铁路发展的历史也证明，高铁作为区域经济环境中的核心运输方式，是环境保护、绿色生态和能源节约的必然选择。

甘肃高铁依托其对外经济要素和时空资源的高效配置作用，密切甘肃与宁

夏、陕西、青海、四川、海南等周边省份以及东部沿海、中西部地区的经济联系，对接成渝经济区、长三角、粤港澳大湾区、海南自贸港等经济区合作，积极承接产业转移，通过异地孵化、园区共建等方式，提升区域生态水平，推进甘肃省内与省外相关园区的互补合作与资源共享。高铁的开通和运营能够推动工业内部去污染化的进程，平衡区域生态。已有高铁研究文献指出，通过对区域交通基础设施条件的极大改善，高铁会直接刺激更加绿色的服务业企业快速集聚，推动旅游经济的发展，提升就业密度。这个过程会逐渐挤出工业生产要素，其中有一部分调整到环境更加友好的行业中，另一部分在产业更迭中被淘汰，从而形成动态的去污染化机制。而高铁的辐射功能有利于三产之间的平衡、产业结构之间的平衡，从而使得高铁区域通过逐步去污染化完成区域生态的绿色重构，进而实现区域生态结构的升级。

此外，高铁的开通和运营能够释放技术进步利好，平衡区域生态。高铁能够通过对技术水平的整体牵引来实现其辐射效应，也就是说，高铁作为核心技术的关键应用领域，其所产生的连锁反应直接辐射到其他产业，倒逼产业链上游企业的技术更新。与此同时，高铁的开通对要素的配置产生根本性的影响，包括土地、劳动力、资本、信息等的配置效率。随着高铁的技术进步，其为区域经济带来的利益不仅仅是通过工业内部去污染化影响区域生态来实现的，更是通过改变其所支配的生产要素的配置来实现的。这就从根本上改变了区域生态结构的组成元素，通过高铁发挥其辐射效应来对元素之间的相互作用模式进行调整，从而完成区域生态绿色重构和结构升级。

（二）辐射效应下的区域开放和可持续发展

从区域经济学的角度看，一个区域内资源分配不均且不能够完全自由流动就会使得比较优势不能完全释放出来，难以形成合理的产业发展布局，阻碍区域经济的可持续发展。而高铁的辐射效应能够促进区域开放和可持续发展。对于区域经济来讲，高铁网络的规划使得高铁经济的支撑引领作用得以释放，通过辐射周边区域，来达到区域相对均衡发展并获得长期可持续发展的机会，从而有利于区域生态结构升级。甘肃高铁建设始终秉承生态优先、绿色发展的理念，不断加强高铁经济带沿线生态环境监管和综合治理，形成节约资源和环境保护的空间格局、产业结构和生产生活方式。

从甘肃高铁建设可以看出，一批特色高铁小城镇的打造形成了区域可持续发展模式。高铁沿线的城镇完善了医疗卫生、文化教育、农产品交易、绿色环保等功能，形成了宜居、宜业、宜游的特色小镇。这些区域小城镇不断强化了交通枢纽和产业基础，形成了长期发展的动力，结合其城镇优势能够向专业化、集约化方向发展。具体来讲，一方面，高铁产业的辐射效应能够对关联产业和衍生产业进行开放带动。已有研究指出，高铁所提供的大量运力，释放了原有货运的运力，有利于原有货运运力向周边区域和相关产业扩散，从而带动其在更多产业中发挥功能。另外，高铁所带来的辐射效应使得网络内城市更加开放，各大城市的产业结构趋同化发展，更有利于未来进一步的融合和共通，使得资源优化配置的范围更加开放广泛，通过区域效率的提升来实现更大范围的可持续发展，从而使得区域生态结构不断优化和升级。另一方面，高铁的辐射效应能够有利于制度环境与之匹配，推进与国家政策或区域政策相关的区域开放战略。高铁的建设本身即为一个巨大的产业链，建设过程复杂，周期长，且巨额资金和集中规模的人力物力投入使得整个产业链辐射长远。而其中涉及的利益主体广泛，利益相关者数量众多，制度环境的匹配有利于高铁辐射作用的发挥。反过来，高铁辐射机制也促进区域制度环境的发展，使得相关区域开放战略和政策体系更加完善，从而从制度层面上保证了区域生态结构的升级。

（三）辐射效应下的区域生态结构升级

系统论指出，一个系统由若干相互联系、相互作用的要素构成，这些要素的运动构成了具有特定功能和运动规律的有机整体。在一个区域系统内，高铁的辐射效应形成了密集的交通运输沿线的经济走廊和经济带。甘肃高铁不仅形成了经济走廊和经济带，还打造出高铁经济的国际化大平台，构建国际陆港体系，打造兰州新区对外开放战略平台。这些经济走廊和经济带以及国际化大平台会发生产业的梯度转移。产业梯度转移是指产业与技术从高梯度向低梯度的转移和扩散。低梯度区域也可以通过一定的基础设施完成反梯度转移，实现区域生态结构升级的跨越式发展。在这两类转移中，高铁的辐射效应能够通过渐进式扩散或跨越式发展直接形成以高铁为中心的空间结构系统，并且向周围不断吸附和释放能量，来促进区域生态结构升级。

在总体考虑区域生态结构时，也需要关注高铁辐射效应下的建设运营和区域经济发展之间的相互匹配情况。如果二者匹配度低，有可能会对区域生态结构带来制约。具体来讲，如果与区域经济发展相比，高铁网络不足，则导致缺乏辐射效应，交通运输的滞后性会对区域经济发展起到瓶颈作用。相反，如果高铁网络投资严重过量，超过了区域经济发展的潜力和环境的承载力，则会出现挤出作用，也就是由于高铁辐射效应的过量导致区域经济中其他部门投资不足，从而导致区域生态结构的整体失衡。因此，高铁的辐射效应与区域经济生态结构的协调性非常重要，其相互作用构成了互动平衡机制，影响区域生态机构的优化。

第四节　高铁建设对区域经济发展的作用机制对泰国的启示

泰国政府于 2018 年启动了国家战略，其核心目标是在 2036 年前将泰国变成发达国家。泰国是东盟第二大经济体，仅次于印度尼西亚。为保持经济稳定增长，近年来泰国推出了多项改革措施，包括基础设施建设、加大投资力度、吸引外国游客、提振出口等。在这一背景下，泰国政府于 2016 年正式提出“泰国 4.0 战略”高附加值经济模式。巴育总理在多个公开场合描述了改革泰国经济结构的设想，表示要把泰国经济升级到 4.0，推动更多高新技术和创新技术应用，使创新真正成为推动泰国经济增长的主要动力。投资将在“泰国 4.0 战略”改革中起到重要作用，国家投资政策将向核心技术、人才、基础设施、企业和目标产业五大领域倾斜。

近年来，中泰两国密切合作，将泰国东部经济走廊的优势与“一带一路”倡议结合起来。2017 年，“一带一路”旗舰项目——中泰铁路开工建设。近年来，中国企业对泰国投资不断增加，双方还建立了共同开发的工业园区。一方面是希望能够吸引更多中国投资者赴泰国投资；另一方面则是借由中泰铁路等联通泰国曼谷到北部的高铁，进而与中国这个大市场联系起来。

针对泰国的高铁建设，本节研究认为，应充分利用上述高铁对区域经济发展作用机制的分析和研究，有针对性地对泰国高铁建设提出作用机制视角的政策建议。高铁对区域经济发展的作用机制主要包括高铁的通达性、时空重构效应与企业经济效益，高铁的乘数效应与产业园区发展，高铁的技术创新溢出效应与产业结构调整，高铁的辐射效应与区域生态结构升级。因此，我们认为通过上述分析，泰国高铁的建设运营与区域经济以及区域社会发展之间的作用机制以及平衡性得到了新的分析视角，具体如图 4－1 所示。

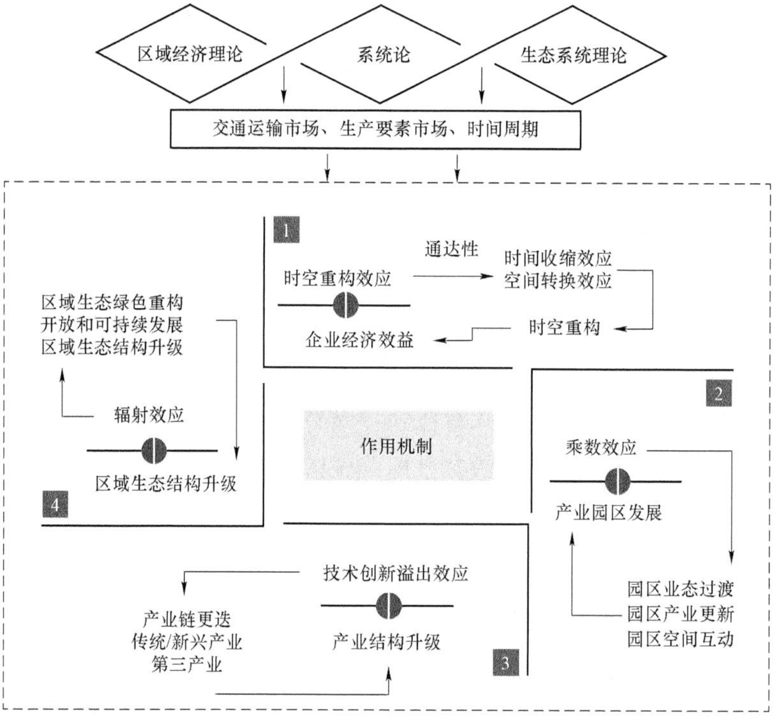

图 4－1　泰国高铁对区域经济发展影响的分析视角

基于上述泰国高铁对区域经济发展作用机制的分析，泰国高铁规划和建设可得出如下启示。

（1）确定适应泰国国情的铁路发展战略。

在发展铁路网络时，需要根据泰国市场经济发展水平、现有铁路运力、技术优势、经济实力、国家社会文化以及政府的目标进行建设，不能脱离国情空谈铁路建设。中国、日本、美国等国家都依据自身的国情实施了不同的铁路发展策略，并且都取得了不错的结果。泰国政府应当充分借鉴、分析中国、日本、美国等国针对本土市场状况和铁路发展情况做出的改革措施，从政企分开、引入竞争、多元化经营、调整管制政策等角度考虑，结合泰国具体国情与市场经济水平制定改革措施。

（2）时空重构效应方面，建设综合交通运输体系，加强泰国的高铁基础设施建设，推动企业效益增加，充分发挥其时空重构效应对区域生态结构的辐射效应。

由于历史原因和多因素制约，泰国高铁覆盖率远低于经济发展需求。泰国应当进一步提高包括铁路在内的道路运输效率，打造高效的综合运输系统。目前，泰国大部分铁路都为单线铁路，因此，建议进一步提升主通道铁路运输能力，加快既有铁路的扩能改造，逐步实现客货分线。同时，加快推进副通道建设，在能力紧张的路段实施分段。加快主副通道直线建设，畅通通道联络线，提升通道集聚辐射能力。

（3）乘数效应方面，建设现代化综合高铁枢纽，构建功能定位清晰、发展特色突出、与资源承载能力匹配的泰国产业园区，推进园区产业更新和园区互动发展。

泰国可结合多种交通运输方式，促进产业园区发展和产业集聚，依托高铁通道作用和乘数效应，促进市场拓展和技术扩散，提升原有产业园区承接产业转移的能力，推动园区的产业转型升级，促进新兴产业联动发展。同时，规划建设国际性的综合交通枢纽，以高铁和机场建设为核心，完善交通基础设施网络布局，优化中转换乘设施和集疏运网络体系，促进各种运输方式协调高效，提升枢纽一体化服务功能对产业发展的乘数效应。

（4）技术溢出效应方面，强化沿线区域的经济合作与融合，提升产业链升级速度。

高铁能够明显提升沿线城市和区域的可达性，沿线区域应加速生产要素的交流位移，增加泰国产业链经济互补性，通过经济合作与融合来实现区域跨越发展。因此，在高铁规划和建设过程中，将高铁建设作为产业链经济发展的一个组成部分进行综合考虑，综合考虑第一产业、第二产业和服务业的发展，不能单独割裂地计算经济效益。

（5）辐射效应方面，注重区域生态结构的升级，应提前考虑到建成后区域发展有可能出现的不均衡问题及相应对策。

从高铁对区域经济发展作用来看，政府可加大对核心区域高铁建设、双轨制改造的投资力度，扩大其经济效应，缩小区域间差距。当然，高铁布局方面应考虑现有基础设施是否能够支持高铁发挥作用，主要包括交通运输情况、生产要素市场等。同时，泰国在铁路建设过程中，对生态环境的破坏是最重要的负面效应，也应该加以考虑。因此，高铁建设还应该注重保护生态、节约资源。一方面，要促进铁路交通安全绿色发展，加强泰国安全应急保障体系建设，全面提高泰国交通运输的安全性；另一方面，要强化生态保护和污染防治，最大限度地降低铁路对沿线生态环境的破坏，并进一步推进资源的集约、节约使用，提高资源使用效率，降低铁路建设成本。

（6）改革和创新行政管理体制。

从甘肃高铁建设过程可以看出，当地政府进行了行政管理体制的改革和创新。通过简政放权、放管结合、促进服务改革以及取消、简化和下放审批事项权限来简化流程，从而提高行政效率。在此基础上，加强社会信用体系建设，积极吸引企业进驻，并为企业争取财政倾斜和税收优惠政策，全面落实企业技术创新等优惠政策，使得企业发展获得更多便利条件，从而增加地区吸引力。

泰国政府也可结合当地条件和发展需求，完善营商环境，促进企业更加有活力地迅速发展，从而推动高铁经济圈和城市群的快速、可持续发展。

第五章　世界各国高铁发展历史及对区域宏观经济发展的影响

第一节　世界高铁发展历史及现状概览

根据国际铁路联盟（International Union of Railways，UIC）数据库的统计结果，2018 年，已有中国、日本、韩国、捷克、芬兰、奥地利、比利时、瑞士、德国、西班牙、法国、英国、克罗地亚、意大利、荷兰、斯洛文尼亚、土耳其、葡萄牙、瑞典等 20 多个国家和地区建成和运营高铁及准高铁。1986 年，国际铁路联盟将高铁定义为：新建铁路时速超过 250 公里、既有线提速后时速超过 200 公里可以称为高铁。截至 2017 年 12 月 31 日，世界各国和地区高铁总营运里程达 33 491.17 公里，分布于亚洲和欧洲。具体见图 5－1。

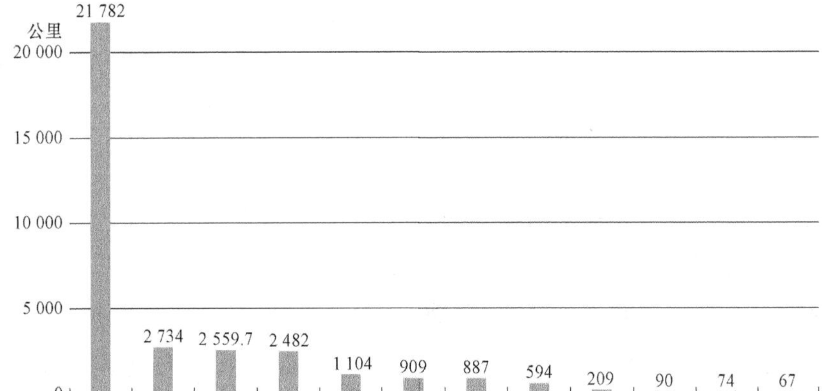

图 5－1　2017 年世界主要高铁运营国家高铁里程

资料来源：国际铁路联盟官网，https：//uic-stats.uic.org/list/。

第二节　亚洲各国高铁发展历史及对区域宏观经济发展的影响

日本是高铁的鼻祖，若要研究世界高铁对区域社会经济发展的影响，则对日本高铁发展史以及其作用的分析是必不可少的。本节先分析日本高铁，继而分析目前世界上路段最多、里程最多的中国高铁，还有起步很早的韩国高铁，最后分析其他亚洲国家的高铁未来发展。

一、日本高铁发展历史及对区域宏观经济发展的影响

（一）日本高铁发展历史

1964 年 10 月 1 日，世界上第一条真正意义上的高铁——东海道新干线正式通车运营，揭开了世界高铁史的新篇章。东海道新干线全长 515.4 公里，最高运行速度可达 200 公里。经一年的技术改进后，于 1965 年 11 月 1 日，其最高时速达到 210 公里。东海道新干线开通后，日均客流量迅速突破 6 万人次，到 1967 年，其乘客总数突破了 1 亿人次，年均客流量增长 17%；到 1974 年，日均发送旅客达到了 34 万人次。新干线的规划与建成进程中尽管因“铁路夕阳”的观念遭遇重重反对与预算资金不足等困难，但其开通 7 年后就赚回了全部的建设投资成本，甚至到其开通 10 周年时，已经累计盈利 6 600 亿日元，接近全部投资的 2 倍。

在不断的技术摸索与改进中，日本新干线自 1960 年代末以来稳步发展，庞大的全国高铁网已成型，更是蔓延至最偏远的地区。至此，日本的新干线网几乎覆盖从最北端的北海道至南部九州岛的整个日本列岛，为旅客带来了诸多便利，新干线的建设也从原来的以解决交通问题为目的上升到国家战略规划层面上。截至 2016 年，日本已开通 7 条新干线，包括：东海道新干线，东京—新大阪，长 515 公里；山阳新干线，新大阪—博多，长 554 公里；东北新干线，东

京一新青森，长 675 公里；上越新干线，东京一新潟，长 270 公里；北陆新干线，高崎一金泽，347 公里；九州新干线（鹿儿岛线），博多一鹿儿岛中央站，长 257 公里。北海道新干线，新青森一新函馆北斗，长约 149 公里。另外，还开通了两条迷你新干线，包括：秋田新干线，盛冈一秋田，长约 127 公里；山形新干线，福岛一新庄，长约 149 公里。日本目前仍有 3 条新干线在兴建中，包括：北海道新干线，新函馆北斗一札幌，长 211.5 公里，已于 2014 年 8 月开工，并计划于 2031 年春竣工；朝鲜海峡新干线，日本博多一韩国釜山，长 275 公里，预计投资 100 兆日元；中央新干线（磁悬浮列车），分两段建设，东京一名古屋和名古屋一新大阪，其中，东京品川至名古屋区间计划 2027 年开通运营，东京至大阪全线计划 2045 年贯通①。

日本高铁主要由五家公司运营，其中，东北新干线、上越新干线、山形新干线、秋田新干线等由 JR 东日本公司运营，东海道新干线由 JR 东海公司运营，山阳新干线由 JR 西日本公司运营，九州新干线由 JR 九州公司运营，北海道新干线由 JR 北海道公司运营。②

（二）日本高铁发展对区域宏观经济发展的影响

日本于 1982 年建成的上越和东北新干线是以东京为中心向北面、东面进行辐射的，这样的点辐射效应有利于在高铁开始运营的初期阶段积累较多的客源，保证列车开行的经济、社会效益。根据日本官方统计，2015 年加上车辆制造、房地产开发、高铁建设、餐饮和商业销售等，高铁带来的经济效益超过 190 亿美元，甚至更高。新干线每年运输超过 3.15 亿人次，并且推动了车站周边的开发建设，在车站周边形成了新的城区，不仅有效缓解了高速公路的拥堵，也使现有的公交和铁路网络的运营更加顺畅。由于高铁在短期内需要大量雇用工人进行建设、生产、维护、运营以及管理等，也就带来了更多的就业机会，这也推动了周边地区的经济发展。

此外，高铁带来的环境效益也不容忽视。对于同样的运输量来说，如果高铁的二氧化碳排放量为 1 个单位，则飞机的排放量为 5 个单位，小汽车的排放量为

---

① 新干线［EB/OL］. https://baike.baidu.com/item/新干线/856920?fr＝aladdin.

② 黄苏萍，朱咏. 高铁重塑中国经济地理［M］. 北京：中国社会科学出版社，2016：20.

7.5 个单位。与飞机和小汽车相比，高铁消耗的能源、排放的二氧化碳都要少很多。同时，由于气密性较好，高铁穿越隧道截面积也比较小，对于环境的影响也较小①。

高铁的运营不仅保证了旅客的安全，也使得城市交通网更加完善，舒适、便捷、节约时间成为旅客选择高铁的重要原因。北陆新干线高崎至长野段开通之前，从东京到长野需耗时 2 小时 56 分钟，而新干线开通后，耗时为 1 小时 23 分钟，缩短了将近一半的时间。新干线延伸段开通之后，促进了车站周边的城市发展。以北陆新干线的佐久平车站为例，有近 60 项民间投资的新工程开工建设，车站周边开辟出可供 4 200 台车停放的停车场。

高铁同样带来了商业和旅游业的快速发展。新干线除了促进区域之间的交流、提升了商业价值之外，还进一步扩大了旅游的需求。例如，东北新干线八户和七户十和田之间开通高铁后，当地主要节日期间参观游客有了明显增加。主要是因为这一带有很好的冬雪、湖泊等旅游资源，高铁的开通解决了地区偏远不易到达的难题，使得东京、大阪等地的游客也可以方便地乘坐高铁到达该地区，大大推动了旅游业的发展。

总的来看，由于日本国土面积相对狭小，经济和人口都相对集中，作为经济发达的国家，产业技术先进，极其适合高铁的建设运营，因此成为世界上最早开通运营高铁的国家，高铁对日本战后的区域经济社会发展和经济地理格局优化发挥了难以估量的推动作用，而且为其他亚洲及欧洲国家发展高铁起到了借鉴作用，法国在 20 世纪 80 年代、德国与西班牙在 20 世纪 90 年代、中国于 21 世纪开始建设高铁的热潮。

二、中国高铁发展历史及对区域宏观经济发展的影响

（一）从中国普铁到中国高铁

21 世纪以前，中国还没有开通高铁，只有一条条普通铁路（简称普铁）。改革开放前，北京和上海之间铁路客运需要运行 36 小时 39 分钟。1978 年 10 月

① 黄苏萍，朱咏. 高铁重塑中国经济地理［M］. 北京：中国社会科学出版社，2016：20.

22 日，就在中国共产党十一届三中全会召开前两个月，时任中国国务院副总理的邓小平率团访问了日本。访日期间，邓小平试乘了日本新干线，认为中国也需要这样快速的交通工具。1987 年，中国著名物理学家、中科院院士严陆光曾到日本做客座研究，日本当时正在研制的超导磁悬浮技术引起了他的兴趣，为中国高铁后来的快速发展奠定了一定的基础。

1990 年 12 月，中国铁道科学研究院发布了《京沪高速铁路线路方案构想报告》，第二年铁四院就在铁道部的安排下，开始进行现场勘查，当年 4 月完成了《北京至南京段高速客运系统规划方案研究报告》和《沪宁段高速客运系统规划研究报告》。1992 年 5 月，经过将近一年的考察和研究，铁道科学研究院发布了《京沪高速铁路可行性研究报告》。1993 年 4 月，中国铁道部联合当时的中国国家科学技术委员会、中国国家计划委员会、中国国家经济贸易委员会、中国国家经济体制改革委员会等组织的专家成立了“京沪高速铁路前期研究课题组”。1994 年 3 月 4 日，“四委一部”向中国国务院报送了《关于建设京沪高速铁路建议的请示》，论证了修建京沪高铁的必要性以及技术、经济上的可行性，认为京沪高铁越早开通越有利，应尽快批准立项，力争 1995 年开工，2000 年前建成。

为了更好地推动京沪高铁项目上马，中国举办了“中国高速铁路技术发展战略讨论会”（即香山科学会议第 18 次学术讨论会）。这次会议于 1994 年 6 月 10 日至 12 日在北京香山举行，被称为中国高铁发展史上的“香山会议”。在这次会议上，针对京沪高铁建设中的困难、阻碍与解决方案，“轮轨”与“磁悬浮”的选择进行了一次热烈的论证与探讨，堪称中国高铁的一次“华山论剑”。

不仅如此，在此期间中国的其他高铁线路也纷纷开始了筹备工作。2004 年 7 月 21 日，中国国务院批准武广客运专线项目建议书。同年 12 月 3 日，《武广客运专线可行性研究报告》正式获得国务院批准。2005 年，武广客运专线开工建设，2009 年正式投入运营，成为中国第一条正式建成的高铁。

2006 年 2 月 22 日，中国国务院第 126 次常务会议批准京沪高铁立项。2008 年 4 月 18 日，京沪高铁开工典礼举行，时任国务院总理温家宝出席，京沪高铁全线开工。2009 年 6 月 30 日，京沪高铁全线路基施工完成，2011 年正式开始运营，全程时间最快可以达到 4 小时 48 分钟，成为中国高铁建设的最具代表性的标志性里程碑。

（二）中国高铁发展历史

1997—2007 年，中国高铁经历六次大提速，改变了铁路长期低速、低效的负面形象，显示出铁路客运极大的发展潜力和市场竞争力。2001 年，经历过四次提速后，中国铁路线路实现了时速 160 公里的目标，累计提速里程 1.65 万公里。2004 年的第五次大提速，最高速度目标值有了质的飞跃，达到了时速 200 公里。中国铁路第六次大提速发生于 2007 年，这一年是中国铁路大提速的收官之年，也是中国高铁的元年。在这次大提速中，京哈铁路、京沪铁路、京广铁路等既有干线铁路均提速到时速 200 公里，运营总里程达到 6 003 公里，其中部分区段运营时速可达到 250 公里，总里程 846 公里。与此同时，2007 年京津城际高铁建成通车更具重要意义，它是世界上第一条按时速 350 公里运营的高铁，它的建设与运营实践为中国接下来建设的庞大高速铁路网提供了至关重要的经验。

中国的第一条高铁——武广高铁于 2009 年 12 月 9 日试运行成功，于 26 日正式运营，全长 1 068.6 公里，时速达到 350 公里，最高运营时速达到 394 公里，成为世界上运营速度最快、密度最大的高铁，也是中国第一条时速 350 公里的高铁[①]。2010 年 7 月 1 日，全长 301 公里、时速 350 公里的上海至南京高铁投入运营，列车直达运行时间 1 小时 13 分钟，是当时中国开通运营的站点最密集、站间距最小、行车密度最高的高铁。2010 年 10 月 26 日，全长 202 公里、时速 350 公里的上海至杭州高铁开通运营，列车直达运行时间 45 分钟。除了上述时速 350 公里的高铁线路外，中国还有大量时速 200～250 公里的高铁线路开通运营。2017 年，中国高铁运营里程超过 2.17 万公里，占全球高铁运营里程的 65% 以上。

中国的高铁经过十几年的发展，取得了令世界惊叹瞩目的成绩。中国目前已经成功拥有世界先进的高铁集成技术、施工技术、装备制造技术和运营管理技术；中国高速列车保有量 1 300 多列，为世界之首；列车覆盖时速 200 公里至 380

---

① 中国高铁［EB/OL］. https://baike.so.com/doc/3177463-3348550.html.

公里各个速度等级，种类最全；动车组累计运营里程约 16 亿公里，经验最丰富。施工成本和效率方面，中国企业更具优势。据测算，国外企业修建高铁的平均成本为每公里 0.5 亿美元以上，中国只需约一半，且中国企业的工期短，施工效率高。成本低，标准却更高。安全性能上，中国标准与欧洲标准基本一致，但施工标准远高于欧标。基于中国高铁运营所积累的数据，不断反馈到高铁的技术创新中，通过不断的改进与实践，目前中国高铁技术已经处于世界先进行列，并开始角逐全球高铁市场。

（三）中国高铁发展对区域宏观经济发展的影响

中国是一个幅员辽阔、各区域经济发展差距较大的国家。2008 年，铁道部出台《中长期铁路网规划》，提出规划建设“四纵四横”客运专线，以此为骨干网络建设更多的高速客运专线，从具备较强经济基础、具有一定科技创新能力和较好发展潜力的城市化地区开始建设。由于这些城市具有一定的辐射带动能力，能够带动周边地区的发展，所以以此来完善城市群之间综合交通运输网络，构建城市群内部综合交通运输网络，建设城市综合交通枢纽，改善中小城市和小城镇交通条件的规划才得以实现。

中国高铁对区域发展的影响可以分为短期效应、中期效应、长期效应三大类。一是高铁短期效应，突出表现在激活区域的交流活动，通过改变物流、人流的频率和流动实现方式，进而对现有生产要素进行调整，而这种调整一般不需要很长时间，甚至可以与高铁的开通运行同时实现。诸如，高铁运输的车次、线路的调整和增加等。一般条件下，高铁创造的短期效应提高了区域之间的交流频率、扩大了交流圈范围，比如购物客、旅游观光客增加，增强区域信息、人才、智慧的交流，通勤者、通学者增加等。二是中期效应。高铁使沿线区域的区位优势增加，形成了比较经济优势，引发新的投资和产业结构调整，产生了发展与增长新效益，包括来自域外成长性企业的进出，域外大宗商业资本的输入或输出，地价、土地利用、生活条件的变化，就业、就学机会的增加，人口流动，房地产业发展等。三是长期效应。它包括制度、法制、政策体系的完善，促进城市化发展、同城化发展以及城市间、城乡一体化发展。更大范围经济圈的形成有利于克服区域发展中小规模生产、重复建设、诸侯经济、产业结构趋同化严重等不利情况。

中国高铁建成后，不仅助推了东部率先、中部崛起、西部开发和老工业基地振兴，将长三角打造成亚太地区重要的国际门户、全球重要的现代服务业和先进制造业中心，加快产业集聚，城乡发展一体化，支撑西部大开发战略，还加快了生态文明建设，形成了多个以生态农业、环境友好型工业和旅游服务业为主的产业体系。此外，中国高铁还助推了扶贫攻坚，在追求社会效益的同时，也促进了区域经济社会平衡发展。

中国高铁推动了巨大的改革，包括批准了12个国家综合配套改革试验区、5个自贸试验区和13个国家级改革发展新区。“四纵四横”高铁网连接了中国所有的主要城市群和经济区，骨干网络支撑国土开发战略，释放了有限的货运能力，将城市之间的时空距离大大压缩，为工业化、城镇化加快发展提供强大的运力支撑。在资源运输方面，高铁连接了东北老工业基地，使得煤炭、石油、粮食、木材等资源和能源源源不断地运输到各大经济发展区。此外，高铁还大大节约了社会时间成本和物流成本，在全社会货物运量中铁路货运比重每提高1个百分点，就可节约社会物流成本212亿元，所以中国高铁可以将铁路运输与公路、水路、航空运输结合起来，实现“无缝连接”，对于加快“一带一路”建设具有重要的意义。

一方面，中国高铁不仅让人们享有更快、更方便、更舒适的出行。例如，广武高铁开通后，武汉至长沙的运行时间由4小时缩短为1.3小时，长沙至广州的运行时间由8小时缩短为2.43小时，也将加快人员、资金、资源这三大经济发展要素的流动，加快与周边城市的经济交往，形成“经济宽带”，更好地发挥中心城市的辐射扩散作用，推动旅游市场的发展和转型，更多的“跟团游”会被“自助游”取代，给旅游业的进步带来了新的机遇。另一方面，高铁还带动了产业转移向内陆纵深配置。例如，郴州出口加工区在5年之间的工业总产值、加工贸易额、财政总收入和技工贸总收入比高铁开通前分别提升了7倍、15倍、9倍和13倍。

中国高铁的建成已带来六大利好：

（1）通勤效应：大大缩短沿线的时空距离，进一步完善重要城市的交通枢纽地位，大幅提高对外开放水平；

（2）同城效应：促进了区域内经济一体化发展；

（3）集聚效应：沿线城市经济、社会、产业、生活、交通等大融合，吸收大批农业人口涌向城市、城镇，城市化水平大幅度攀升；

（4）溢出效应：促成相关产业随着“退二进三”进程，沿高速通道向周边转移；

（5）提升效应：沿线以站点为中心的地区，其商贸、商务等现代服务业发展迅猛，地产快速升值，城市功能快速扩张，同时辐射了包括西安、武汉、长沙、贵阳、昆明等城市在内半径 500 公里的“2 小时经济圈”，带动了旅游经济加快发展；

（6）增大效应：在交通枢纽完善、产业企业集聚、城市功能提升的共同支撑下，经济总量得到了大幅的提高。

三、韩国高铁发展历史及对区域宏观经济发展的影响

韩国的经济高速发展是在 20 世纪 60 年代到 90 年代，多年来的经济高速增长带来商业的繁荣与人口的大规模流动，而私家车保有数量也增长迅猛，年增长率高达 17%，给交通带来巨大压力，尤其是首尔至釜山这条黄金运输大通道遭遇了巨大障碍，运能严重不足，韩国政府将高铁建设提上日程。

1992 年 3 月，韩国高铁建设协会（KHSRCA）正式成立，该协会自 1992 年 6 月 30 日开始建设天安至大田长 57 公里的线路作试车之用。受 1997 年金融风暴影响，韩国政府决定将京釜高速线分作两期通车。经过 12 年时间总建设金额近 127 377 亿韩元的首尔至大邱第一期工程于 2004 年 3 月 31 日通车并于翌日正式开始营运。至于大邱至釜山路段，则于 1998 年开始研究，并于 2002 年 6 月开始 KTX 建设，2010 年 11 月 1 日此路段正式通车。京釜高速线在首尔至大邱间区段时速可达 300 公里，相比京釜线，由首尔到釜山的车程用时从 260 分钟缩短至 160 分钟。于 2010 年，京釜线全线改用高速轮轨后，其车程再缩减至 118 分钟。高铁系统在计划阶段，曾被称为“京釜高速铁道”，后改称 KTX。

韩国高铁是法国高速列车（TGV）技术的产物，并在技术研发领域奋力追逐，最终从模仿者变成了创造者，在过去10多年中，韩国已成功发展出自己的技术，包括建设系统、车厢制造、信号设计、运作管理等，跻身世界高铁技术五强行列。2004年12月16日，一组韩国制造的HSR－350X型列车在试验中时速达352.4公里。新型KTX高速列车使韩国成为世界上第四个有能力制造超高速列车的国家。

京釜高铁在2004年建成通车。高铁运营仅仅一年之后，在首尔和釜山运输走廊，铁路运输市场份额就从2003年的38%激增到2005年的61%，以前占据绝对优势的航空运输随之退居其后，市场占有量从42.2%暴跌到25%，与航空运输相比，公路运输遭受冲击不大，市场份额只是从之前的20%下降到14%。高铁给乘客们带来的最直接的好处就是缩短行程时间。对于首尔至釜山高铁而言，最初的预期运行时间是1小时30分钟，后来调整为1小时51分钟，而首尔至釜山高铁在2010年全部投入运营之后，运行时间最终为1小时56分钟。韩国高铁的开通大大提高了国民的办事效率，提高了韩国土地的利用效率，给国民的经济活动、文化、观光、休闲带来很大的变化，很大程度上缩小了地区之间的经济社会发展不平衡。

四、亚洲其他国家高铁的未来发展

早在2009年，中国已确定周边三条高铁规划战略，其中有两条都辐射到欧洲，这三条高铁分别为欧亚高铁、中亚高铁和泛亚高铁。（1）欧亚高铁线路：从伦敦出发，经巴黎、柏林、华沙、基辅，过莫斯科后分成两支，一支入哈萨克斯坦，另一支遥指远东的哈巴罗夫斯克，之后进入中国境内的满洲里。建设进程：国内段已经开工，境外线路仍在谈判。（2）中亚高铁线路：起点是乌鲁木齐，经由哈萨克斯坦、乌兹别克斯坦、土库曼斯坦、伊朗、土耳其等国家，最终到达德国。建设进程：国内段正在推进，连接中国新疆乌鲁木齐和甘肃兰州的高铁（1 776公里）目前已进入试车阶段，很快就要开通。境外线路仍在谈判；（3）泛亚高铁线路：从昆明出发，依次经由越南、柬埔寨、泰国、马来西亚，抵达新加坡。建设进程：中缅间铁路隧道已于 2016 年 6 月动工。另外，拟新增一条线路——中俄加美高铁线路：从东北出发一路往北，经西伯利亚抵达白令海峡，以修建隧道的方式穿过太平洋，抵达阿拉斯加，再从阿拉斯加去往加拿大，最终抵达美国。建设进程：正在商讨时期。纵观这四条高铁线路战略，它们将中国与世界各主要国家相连，并以中国为中心与世界各地形成一个陆上整体，不仅将带动世界经济发展，也为中国再保持数十年经济增长提供源源不断的动力。

中国南车集团公司与南非在 2014 年签署了价值超过 20 亿美元的电力机车合同，为中国轨道交通装备整车领域的最大出口订单，中国“高铁外交”在非洲迈出重要的一步。2015 年 2 月 9 日，双方首批订单 95 台电力机车已基本完成交付。

亚洲的某些其他国家也开始了高铁的建设，如印度、新加坡、马来西亚、泰国、老挝等国家。

例如，印度曾宣布将全套引进日本的新干线技术，并将日本作为其高铁建设的唯一合作伙伴。但印度高铁进展较为缓慢，2017 年开工的第一条长度为 508 公里的孟买高铁，至 2023 年约完成工程的 40%，日方预计要到 2028 年才能通车，比原计划足足推迟了 6 年。

第三节　欧洲各国高铁发展历史及对区域宏观经济发展的影响

欧洲作为高铁发展技术最先进、国家之间连通范围最广的大洲，其各国之间高铁的建设以及运营仅次于日本，也是世界高铁发展史上最重要的一环。正是受到日本的实践启示，欧洲的意大利在 20 世纪 70 年代，法国在 80 年代，德国、西班牙在 90 年代都开始了高铁建设的热潮。其中法国、德国、西班牙等国家的运营高铁里程都达到了 2 000 多公里，并与传统铁路系统一体化连接。考虑到这些国家的面积，这些欧洲国家的高铁密度还是相当高的。另外，在欧洲一体化发展的背景下，欧洲高铁的显著特征之一就是国际高铁的运行，比如横跨英吉利海峡的欧洲之星高速列车，以及连接荷兰阿姆斯特丹、比利时布鲁塞尔、德国柏林、法国巴黎、意大利罗马等的欧洲国际列车等。欧洲高铁的显著特征之二，就是高铁与传统铁路系统的一体化衔接。欧洲高铁，如法国、德国、西班牙、意大利等国的高铁，主要采用电力机车牵引，并且可以在传统普速轨道上行驶，具有较高的灵活性，这一点与亚洲高铁如中国使用动车组（EMU）模式很不相同。这主要应该考虑欧洲国家的面积较小，历史上铁路系统、高速公路系统、民航系统发达的传统基础优势。由于幅员面积较小，即使是以 200 公里左右的速度开行，一般 2～3 小时即可从国内的一点到达另外任意一点。还有，就是英国的铁路运行时速一般都可以达到 200 公里，如果称为高铁的话，那么欧洲的高铁里程就要长得多。

目前欧洲运行的主要高铁线路有：法国 TGV，1981 年开始运行，通行里程 6 000 多公里，时速最高 320 公里，目前法国已建成高铁线路 2 000 多公里；德国 ICE，1971 年开行城际间时速 200 公里的高速列车，1991 年开行长距离高速列车，目前可以通行的范围达 6 000 多公里，最高时速 300 公里，已建成高铁线路 2 331 公里；此外还有西班牙 AVE 高速列车、意大利 TAV 高速列车、英国的高铁。

欧洲高铁网络中，除了从法国巴黎到德国斯特拉斯堡之间开行的时速 300 公里以上的高铁连接欧洲大陆这两个最强国家之间外，法国、西班牙、意大利等面积较大或领土狭长的国家在人口、产业集中分布的地区开行了时速 300 公里的高速列车，英国、德国、北欧、俄罗斯欧洲部分以及西班牙、土耳其、希腊等多开行时速 200～250 公里的高速列车，而时速 200 公里以下的普速列车则遍布法国、德国等经济发达地区。另外，西班牙、法国、意大利和土耳其等国家还有大量的高铁处于建设之中。总的来看，在经济发达的西欧、北欧、南欧地区基本上形成了以时速 200 公里以上高铁为主导的，各种速度、用途列车一体化衔接运行的铁路运输格局。考虑到欧洲国家特别是西欧、北欧、南欧等国家面积较小，经济科技发达，铁路运输历史悠久，法国、德国、西班牙、英国等国家开行时速 200 公里以上高铁里程总计已经达到 1 万公里以上，加上欧洲高铁多是在欧盟内跨国运行，德国西门子、法国阿尔斯通都是世界上高铁技术巨头，因此欧洲高铁是世界高铁版图上一支重要的力量。

一、意大利高铁发展历史及对区域宏观经济发展的影响

意大利是欧洲第一个修建高铁的国家，1966 年意大利就提出高铁计划，1970 年罗马至佛罗伦萨高铁正式开工。这条铁路全长 297 公里，最小曲线半径 3 000 米，最大坡度 0.8‰，设计最高时速可达 300 公里。但意大利人竟然将这条高铁修成了世界上建设速度最慢的高铁之一，修了 22 年。这条高铁直到 1992 年全线才正式开通。但是，他们没有立即继续高铁的修建，而是密切观察该段高铁的性能，总结经验，待高铁的优越性变得十分明显时，才于 1994 年正式开始高铁网工程的建设。

1986 年，意大利制定了高速铁路网计划，预计形成“T”字形的高铁网络框架，并与周边的法国、奥地利、斯洛文尼亚连接。1998 年，意大利对米兰—博洛尼亚段 180 公里铁路进行改造升级，时速提高至 300 公里。这是继罗马—那不勒斯、博洛尼亚—佛罗伦萨和佛罗伦萨—罗马段之后，第四条升级铁路，标志着意大利的高铁网计划已完成一半。另外，都灵—博洛尼亚高铁于 2000 年完工；米兰—威尼斯高铁于 2001 年完工；米兰—热那亚高铁于 2003 年完工[①]。2005—2006 年，意大利政府增加投资，加快南北高铁运输走廊建设，分段修建连接北部和南部主要城市及与已建成的 Diertis Sima 高铁连通的高速新线。2009 年 12 月 13 日，都灵—米兰—罗马—那不勒斯（萨列诺）南北高铁运输走廊建成投入运营。南北高铁运输走廊主要由意大利国营铁路所属 Treniatha 客运公司负责经营管理，采用客货混运的运营组织模式。南北高铁运输走廊的建成，实现了意大利南北地区主要城市的快速运输联系，满足其全国范围大约 65%的运输服务需求，进一步增强了铁路在运输市场的竞争能力。截至 2017 年，根据国际铁路联盟发布的统计报告，意大利共拥有高铁 909 公里。

① 意大利高速铁路［EB/OL］. ttps://baike.so.com/doc/720920-763280.html.

1967—2005 年，经过意大利的货运量增长了 7 倍，罗马—博洛尼亚的运行时间由 1 小时 38 分钟缩短至 1 小时，罗马—那不勒斯的运行时间由 1 小时 46 分钟缩短至 1 小时 5 分钟，米兰—热那亚的运行时间由 1 小时 30 分钟缩短为 45 分钟。由于发车频度的增加（在某些路段将提高三倍），也大大缩短了旅客的等待时间。与 2007 年 8 月相比，高铁开通后罗马—米兰的铁路客运量增加了 32%，铁路客运市场份额从过去的 32%上升至 48%，而同期这一方向的飞机搭乘率则从 54%下降到 39%。

二、法国高铁发展历史及对区域宏观经济发展的影响

（一）法国高铁发展历史

谈及世界高铁不得不提到在世界铁路发展史上留下浓墨重彩一笔的法国高铁。早在 1955 年 3 月 29 日，法国人就创造了时速 331 公里的世界铁路试验最高速，早早吹响了铁路高速时代的号角。1965 年，法国人正式提出 TGV 设想，并于 1967 年正式启动。与日本完全建设高铁新线的思路不同，法国决定一方面谋划建设新的高铁，另一方面则准备改造既有铁路，对其进行提速。新建高铁线路与既有铁路线无障碍联通，是法国 TGV 的重要特点。所以尽管法国高铁长度不如日本，但是它覆盖的范围却是日本新干线的数倍，达上万公里。1976 年 10 月，法国第一条高铁 TGV 东南线（巴黎—里昂）正式开工，最终于 1981 年 9 月 27 日部分建成通车，从 TGV 设想到法国第一条高铁建成通车，前后历时 16 年，其经历之曲折不下于日本东海道新干线的开通。

1981 年 9 月 27 日，TGV 东南线南段（圣佛罗杭丹—萨多那伊）建成通车，全长 275 公里，最高运营时速 260 公里。到 1982 年 9 月，TGV 东南线全线开通，巴黎—里昂全长 417 公里，最高运营时速提高到 270 公里。TGV 线路开通后，受到了法国乘客的极大欢迎，巴黎至里昂铁路客运量比此前增加了 2.4 倍。1984 年 5 月 25 日，法国国务委员会正式批准了大西洋高铁项目。1985 年 2 月 15 日，TGV 大西洋高铁正式开工。1990 年 9 月 30 日，TGV 大西洋线全线开通运营，最高运营时速 300 公里，世界上第一条运营时速 300 公里的高铁正式诞生，法

国也正式确立高铁一代霸主的地位。并且在 1990 年 5 月 18 日，在卢瓦尔至歇尔省的旺多姆区段，创造了时速 515.3 公里铁路试验最高速度，人类轮轨历史上第一次突破时速 500 公里大关。

TGV 北方线于 1989 年正式开工，线路从巴黎引出，往北到达加莱，然后通过英法隧道通向英国伦敦，另一个方向是从里尔往西到达比利时的布鲁塞尔，进而到达荷兰阿姆斯特丹、德国法兰克福。法国 TGV 北方线作为一条重要的国际高铁，它是欧洲一体化不可或缺的一部分，它服务于欧洲各大城市约一亿居民。它将法国北部、英国、比利时、荷兰和德国大小城市间连为一体，加强了它们之间的经济文化联系。三条干线高铁开通后，法国人再接再厉又修通了环绕巴黎大区的 TGV 巴黎联络线（全长 128 公里），这条线将已经建好的东南线、北方线和大西洋线连为一个整体。2001 年 6 月 10 日，法国又修建了连接法国中部工业城市里昂和南部港口马赛、总长 295 公里的“地中海线”，采用 TGV 第三代列车 TGV－2N 型双层列车，最高时速 350 公里[①]。根据国际铁路联盟 2014 年 9 月 1 日发布的统计报告，法国高铁运营里程共计 2 036 公里，在建高铁 757 公里，计划建设高铁 50 公里，远期规划建设高铁 2 357 公里，共计 5 200 公里，成为高铁运营里程仅次于中国、日本、西班牙的世界运营里程第四长的国家[②]。

（二）法国高铁发展对区域宏观经济发展的影响

为了加强巴黎地区及法国北部、西部及西南地区与法国东北部之间的联系，还有法国与德国、瑞士和卢森堡等国之间的联系，欧洲东部线首段 300 公里铁路线于 2007 年 3 月 15 日建成，并于 6 月 10 日投入商用，使得从巴黎出发，45 分钟到兰斯，1 小时 30 分到梅斯或者南锡，2 小时 20 分到达斯特拉斯堡。高铁的建成使法国沿线城市的房地产发展迅猛，房地产交易量以及价格得到了较大提升，而且大城市之间联系的紧密性得到了提高，吸引了大量生产企业和商贸服务业公司将总部搬迁至沿线的中小城市，也吸引了大学、科学园等落户。以里昂地区为例，高铁建成后，已有 500 家企业选择将总部设在里昂地区，其中包括法国第二大博览会中心、法国第二大制药工业基地、法国化学工业及机械

① 高铁见闻. 高铁风云录［M］. 长沙：湖南文艺出版社，2015：158.

② 刘植荣. 高铁：你所不知道的那些事［J］. 发现，2014（11）：50.

工业中心等，从而带动了整个法国的经济发展。

三、德国高铁发展历史及对区域宏观经济发展的影响

（一）德国高铁发展历史

根据相关资料可知，德国是世界上试验高速列车最早的国家，时间可以追溯到一百多年前的 1899 年。在二战之前，当时的德国政界把铁路看成完成德国统一的法宝之一，德国在火车提速方面做了很多努力，也走在了世界的前列。而在两次世界大战期间，德国人也把铁路看成是重要战略资源。但二战后，其他交通工具的飞跃式发展让铁路开始边缘化。德国铁路人开始逃避现实，陷入无穷无尽的理论研究之中，继而行动的执行力越来越退化。二战后，德国所修公路总长 15 万公里，投资 4 500 亿马克，而铁路仅投资 500 多亿马克，新建铁路仅 100 多公里。铁路工业和铁路科研也渐渐停顿下来，同期汽车数量却翻了一番。在这一失衡的交通政策影响下，从 20 世纪 70 年代末以来，过于密集的公路网及汽车对环境所造成的破坏日益加重；公路附近的居民健康因汽车排放的有毒废气及大量噪声受到极大影响，公路附近成片森林患病严重甚至死亡，过多的私人小汽车使得交通能耗逐年上升，而上下班时汽车堵塞及停车场的拥挤日益严重。20 世纪 70 年代末，德国政府注意到战后失衡的交通政策对环境造成的严重破坏，认为应重新发展铁路，适当限制公路发展，从而减少交通造成的环境污染。德国的城际铁路（ICE）正是在这样的背景下，汲取了日本新干线和法国 TGV 的经验，在较高的技术起点上发展起来的[①]。

终于，在 1991 年德国第一代高速列车 ICE 横空出世，让蹉跎多年的德国高铁一炮打响，在强手如林的高铁市场上傲视群雄，最终形成了日本、法国、德国高铁三国鼎立的局面。ICE1 为最早的一代 ICE，建造于 1991 年，以两台机车带 10～12 节车厢运行于德国连接瑞士和奥地利的线路，现在有大约 60 列 ICE1 在运行，时速可达 280 公里以上。ICE2 为第二代 ICE，建造于 1996 年，一台机

① 张延昭. 德国高速铁路的发展［J］. 国际科技交流，1993（9）：11－13.

车带 7 节车厢，目前约有 44 列 ICE2 在运营，时速可达 280 公里以上。1999 年，ICE3 型高速列车开始试运行，并于 2000 年开始运营，在陡坡线路和国外正常运行时速为 300 公里，技术时速可达 330 公里。德国领土形状规则，任何两个城市之间的距离不超过 350 公里，时速超过 200 公里的高铁基本上可以在 2 小时内穿越任何两个城市，形成整个国土范围内的 1～2 小时高铁经济圈，而且德国又是高度发达的工业化国家，与英国伦敦、法国巴黎、日本东京等一城独大的情况不同，因此 ICE 比较切合德国的国情。

（二）德国高铁发展对区域宏观经济发展的影响

ICE 是德国铁路网上最快最舒适的旅行交通工具，时速可达到 320 公里，是高品质的体现。乘坐 ICE 列车，在 1～2 小时就可到达德国多数大城市，以及瑞士（苏黎世、因特拉肯、巴塞尔）、奥地利（维也纳）、比利时（列日、布鲁塞尔）、法国（巴黎）、荷兰（阿姆斯特丹）和丹麦（哥本哈根）。在德国乘坐铁路也很方便，每隔几分钟就有一班，所以，德国的火车站没有很大的站台，乘客来往却十分方便，不必等候。

1997 年，ICE 延伸到前民主德国地区。慕尼黑至柏林的行程时间仅 2 小时，法兰克福至柏林的时间比以前缩短了 1 小时。同时，汉诺威—法兰克福线也延伸到卡尔斯鲁厄和瑞士苏黎世。在所有德国高铁线路中，法兰克福—科隆是仅次于纽伦堡—汉诺威线和汉诺威—柏林线的德国第三条关键性的高铁。该线投资 45 亿美元，是德国西部的南北交通大通道，连接德国两个重要经济区域——鲁尔区和莱茵河流域。该线已于 2001 年初开通，全程 26 公里，列车运行时间由原来的 2 小时 15 分钟缩短至 58 分钟。两城市间，每小时开行十对列车，并连接到法兰克福机场，航空旅客在机场便可转乘高速列车。这也是航空与铁路联运的一个典型范例。城际高铁建设使铁路乘客增加近 1/4，运行前两年铁路旅客增加 130 万人次，并使相关航班停运，旅客人数增加最明显的是汉堡一法兰克福线，运行时间缩短 1 小时，旅客数增加约 40%。德国城际高铁的目标是服务于长途旅客[①]。

① 周信. 德国高速铁路［J］. 铁道知识，2002（2）：14－15.

四、西班牙高铁发展历史及对区域宏观经济发展的影响

（一）西班牙高铁发展历史

随着高铁在交通运输以及国民经济中的重要性越来越凸显，西班牙政府也不再满足仅仅在既有铁路上开行高速列车，而将修建新的客运专线纳入了计划蓝图。西班牙主要城市之间的距离在500～600公里，为高铁建设提供了条件。1992年4月，西班牙在巴塞罗那奥运会前夕开通了从马德里至塞维利亚的高铁，赶上了世界高速运输的发展步伐。线路全长471公里，让两个城市之间的运行时间从6小时锐减到2小时20分钟。该铁路开通之后，乘坐飞机的旅客数量锐减4%，而乘坐汽车的乘客数量则下降了34%。

西班牙高速列车简称AVE，采用法国技术，最高时速达300公里。AVE还创造了一天客运量达到12 338人次的记录。在第一条高速干线运营成功以后，西班牙继续加快高速列车的发展，制定了新的路网规划。正在修建和计划修建的新干线有：马德里—巴塞罗那—法国西南部、萨拉戈萨—毕尔巴鄂、洛格罗尼奥—法国西南部、西班牙高铁马德里—葡萄牙首都里斯本。将要改造的旧线有马德里—巴伦西亚、马德里—莱昂、瓦利阿多里德—洛格罗尼奥、塞维利亚—韦尔发、塞维利亚—加的斯等。经过新建和改建以后，西班牙铁路形成一个现代化的高速路网，跻身于世界铁路的先进行列。

没有任何因素能阻挡西班牙发展高铁——无论是预算削减、政治不确定性、对经济和社会效益的质疑问题，还是部分建筑商与促进部的合作效率低下等问题，西班牙高铁网络依然以仅次于中国的高效继续发展。据国际铁路联盟统计，截至2016年，西班牙在建高铁达到1 279公里。

（二）西班牙高铁发展对区域宏观经济发展的影响

西班牙国有铁路公司为提高高铁运输服务的市场竞争力，提升运营效率，在经营上以客户为中心，强调列车安全性、准点率、舒适性，积极提高高铁运输服务质量。安全运营是列车运营的基础性原则。西班牙国有铁路公司在运营高铁时针对列车运行是否准时的问题向乘客做出了严格的承诺。例如，运行在马德里一塞维利亚高铁线路上的AVE列车如果延误时间超过5分钟，则西班牙

国有铁路公司将按票价全额赔偿乘客。

据西班牙《国家报》报道，2015 年西班牙高铁建设投资高达 35 亿欧元，与 2014 年相比增加了 48%。西班牙高铁采用法国技术，最高时速达 300 公里。目前，西班牙高铁网总长度约为 3 100 公里，是仅次于中国的世界第二大高铁网络，还有通往萨莫拉等其他 6 个省的高铁线路仍在建设之中。西班牙政府建设高铁的目的很明确，即希望通过基础设施联通，促进经济发达地区带动地方经济发展，缩小贫富差距，使得财富和就业机会可以逐渐向地方扩散。1980 年，西班牙政府确定修建高铁来连通首都马德里与南部省会城市塞维利亚。1992 年，塞维利亚举办世界博览会之时，这条高铁线路正式开通，从马德里到塞维利亚的时间从 7 小时缩短至 2 小时 15 分钟。另外一条著名的高铁线路则连接了西班牙两个重要城市——首都马德里和加泰罗尼亚地区首府巴塞罗那。自从 2008 年高铁开通以来，这段旅程被缩短到 2 小时 30 分钟。马德里至巴塞罗那段铁路一直是最热的线路，高铁无疑为许多长期、经常性往返于两地之间的人们带来巨大福利。不仅如此，正如西班牙政府所设想的那样，以塞维利亚为中心的地区经济也逐渐发展起来。许多公司更愿意将总部或分公司设在塞维利亚。西班牙阿尔特科技公司发展经理沃尔特·费舍尔表示，将公司设立在塞维利亚的重要原因之一就是，这里与马德里有着良好的联系。

此外，高铁的发展也实实在在地改变了西班牙人的出行方式。目前，尽管高铁票价较汽车高出许多，但高铁的旅客人数已经超过了汽车旅客人数。更重要的是，从前需要依赖飞机的中长途旅行，如今可以选择更为实惠、便捷的高铁。每个高铁乘客的碳排放量仅相当于飞机或汽车乘客的四分之一。高铁为西班牙国家形象的提高增加了砝码，成为西班牙走向世界的一大品牌①。

五、英国高铁发展历史及对区域宏观经济发展的影响

（一）英国高铁发展历史

英国的铁路技术在百余年里称霸全球，然而，二战后，英国逐渐丧失了其

① 王迪. 西班牙高铁带动区域均衡发展［N］. 人民日报，2015－10－08（22）.

铁路大国的地位，影响力不断下降，在高铁研发群雄逐鹿的激烈竞争中，一直处于下风。英国铁路百年前的风云雄霸天下早已经成为历史，“日不落帝国”很难再从往昔的辉煌中获得一丝荣耀。就在日本、法国、德国、中国等国家大力开展高铁技术的研发之时，本来并不落后的英国高铁技术却越落越远。自 1975 年起，英国 InterCity 125 动车组，最高时速 230.5 公里，运营时速也能满足 201 公里，然而，直到如今，英国的 InterCity 系列动车组依然没有突破时速 201 公里这个天花板。在英国本土之上速度超过 200 公里的高铁列车，一个是跨越欧洲多国的“欧洲之星”高铁列车，这是唯一为英国提供时速超过 255 公里客运服务的高铁列车，还有一个是运营于英国东南高铁线上的动车组，是英国国内唯一提供时速超过 200 公里客运服务的高铁动车组。

资金的短缺、线路技术条件落后、信号设备陈旧、高铁动车组研发缺席，使得曾经雄心勃勃的英国高铁计划远远落在了欧洲同行的后面，但英国没有因此而放弃对于高铁的探索。英国高铁 2 号，即英国 HS2 工程，是英国政府于 2012 年 1 月 8 日批准的一项高铁工程，首期投资达到 320 亿英镑，预计 2033 年全线投入运营，预计时速达 250 英里（402.3 公里）。英国高铁 2 号的建设，将伦敦与伯明翰之间的运行时间从大约 1.5 小时缩短至 49 分钟；与曼彻斯特或利兹之间的运行时间缩减至 80 分钟，与苏格兰主要城市之间的运行时间减少大约 3.5 小时，整条高铁大干线成“Y”字形状贯通英国的东西南北，一旦建成，意义重大。

（二）英国高铁发展对区域宏观经济发展的影响

从英国高铁运营的 40 来年看，高铁的开通使得英国的就业率获得大幅提升，距离高铁站点 1 小时路程的城镇经济竞争力远高于全国平均水平。伦敦以外地区的办公楼开发日益普及，使里丁在服务发展中获得了真正的竞争力，而像布里斯托尔、利兹、爱丁堡等核心城市，其服务业实力不仅在中心区而且在它们外圈都得到了强化。由于办公楼租金价格的上升，非高铁城镇特别是距离高铁站点 1 小时路程的城镇的办公楼开发也大量兴起，并且其代表性服务业也发展蓬勃。距离高铁站点 2 小时路程的城镇的混合服务业产业就业明显提升。

除了服务业的就业，距离高铁站点 1 小时路程的城镇具有知识产业高度密集的特点，其知识经济主导方面也显得更强。

分析表明，高铁对英国具有很强的时空收缩效应，强化了地方经济向知识经济推进的趋势，高铁对空间经济带来的作用也通过人均附加值和家庭可支配收入的指标反映出来。对比有高铁和没有高铁的城镇，高铁带来了可达性的改善和时间节省，使得伦敦有着很高的附加值溢出效应①。

六、欧洲其他国家高铁的未来发展

目前欧洲还有捷克、芬兰、奥地利、比利时、瑞士、克罗地亚、荷兰、斯洛文尼亚、土耳其、葡萄牙、瑞典等国家已经开通了高铁。2011 年，欧盟公布了“2050 新型交通运输战略”，宣布将建设连接各成员国的轨道线路，重点投资扩建高铁线路。2030 年，高铁规模将扩大到目前的 3 倍，30%以上的公路货运将转由轨道交通或内河航运承担。

总体来说，由于欧盟国家地理位置较近，区域联系密切，以及其体制的特殊性，诸如免签政策以及货币政策使得整个欧洲的劳动力流动频繁，而其汇率政策的优势也带动了整个大洲的经济全面发展，使得国际铁路的发展兴旺。而高铁具有的速度快、舒适性高、准时到达等的优势，相比于在其他区域内，其必然会在整个欧洲范围内占据更为重要的交通运输地位。而其连通国际的高铁的修建也给其他国家带来了一定的启示和借鉴，尤其是德国作为机械制造首屈一指的国家，其技术水平和铁路质量定会为其他国家所学习。吸纳了世界先进技术与优秀人才，高铁的发展必然会跨越更多国家，覆盖更多面积，从而促进经济全球化，带动世界经济稳步提升。

---

① CHEN C L，HALL P，许劼，刘冰. 高速铁路对英国经济地理的影响——英国 125/225 城际铁路的案例研究［J］. 城市规划学刊，2015（1）：121－123.

第六章　泰国高铁建设的时间效益与时空竞争力研究

时间和空间是社会经济活动存在的基本形式，一个社会的经济效率和富裕程度，在很大程度上取决于其社会成员对时间和空间的利用程度，也取决于其经济时空结构的构建水平（荣朝和，2011）。从时间角度来看，高铁的开通使得线路上点对点间的达到时间大幅缩短，人、货、信息、资金等的交流、交换更加频繁。在一定水平的时间价值下，高铁带来的时间压缩可能会带来个人所创造价值的提升和社会整体效益的提高。从时空的角度来看，高铁带来的时空压缩效应会对经济增长带来正面影响，但对于不同空间分布、不同发展程度的城市带来的影响可能不同。

当前泰国的客运、货运交通以公路为主，铁路在出行和货物运输中仍有较大的发展潜力。虽然泰国是亚洲最早一批拥有铁路的国家之一，但后续的发展较为缓慢，迄今为止仍在使用老式的米轨铁路。而中国自从 2008 年以来，高铁建设已取得了显著成就，主要城市之间已形成了密集的高铁网，十几年来的建设与发展为研究高铁的时间效益以及高铁为沿线地区带来的时空竞争力提供了理想的研究情境。由于当前泰国的高铁建设尚未结束，无法实际验证泰国高铁所带来的影响，我们将以中国的高铁为研究对象，探究高铁带来的时间效益和空间竞争力，从而预测泰国高铁建设将产生的积极作用，并进一步提出相应的政策建议。

本章对高铁建设的时间效益和时空竞争力两个方面进行研究，并进一步预测泰国铁路建设可能带来的影响，并给出相应的政策建议。

第一节 高铁建设的时间效益

一、时间价值的概念及测量

时间与其他资源相比的特殊之处在于时间本身并不能被生产出来，只能依靠不断节约去提高利用效率。对于交通时间价值的研究多从平均值视角对交通运输时间消耗或节省产生的价值进行观察。例如，由于认为旅行者在旅途中耗用的时间存在机会成本，因此旅行时间的价值就是由这种机会成本所产生的价值，也有人提出货物的时间价值表现为货主对于为运输某种货物所节省的时间而支付货币的界限值。从时间节省视角观察的交通时间价值通常考虑旅客的平均工资、平均产值和货物的平均在途时间价值，多用于交通项目评价中因项目实施导致交通时间节省而产生的社会效益的计算。

旅客旅行时间的节省是通过新旧项目的对比得来的，即旅客由于改乘了新的交通工具，与原来乘用的交通工具相比节省了时间。这部分从原来交通方式转移到新交通方式所获得的时间节省，应根据各运输方式的运行时间比较来确定。计算时间价值的方法可分为直接估算法和间接估算法两类，直接估算法包括生产法、收益法、时间成本法等，间接估算法包括显示偏好分析法和陈述偏好分析法等。

客运旅行时间价值，在采用生产法计算时，一般是用年总产值除以生产工人的总数和劳动者的年平均工作小时，在采用收益法计算时大多是用当地的人均小时工资乘上一个系数。时间成本法假设旅客的旅行时间和旅行成本可以相互替代，即旅行时间的节省价值是较慢且费用低的运输方式和较快且费用高的运输方式之间的费用差和时间差之比。显示偏好分析法和陈述偏好分析法均需要对出行者行为进行问卷调查或观察统计，其成本较高，因此在研究中难以大范围或多次使用。

时间价值应该表现为对于时间的货币替代率，但由于时间本身并不能用于交换，因此时间价值在很大程度上带有主观性质，它取决于时间的拥有者或时间所依附的各类其他资源的权利主体对其价值的判断（荣朝和，2011）。时间价值的差异体现在机会收益或损失上。虽然时间价值一般容易被理解为是在确定的时点上或时段内可能使人们获得的机会收入，但在更大的程度上，时间价值更应该是可能使人们失去的机会收入。因为机会收入一旦被列入计划或活动流程，人们就必须想尽办法避免失去这种收入，即避免使其变成机会损失。相对于增加收益视角的时间价值分析，避免损失视角的时间价值分析将理性趋利性和价值感受性统一起来，符合大多数人对损失要比对收益更敏感的前景理论的基本原理。时间价值对于人们的意义，在于人们有能力在一定程度上将时间变为可控，以便能让事情的发展符合预期，并不让时间的延误造成过大损失。

二、高铁的时间效益与建设时机

由对时间价值的分析可知，高铁的建设问题实际上就是交通方式运行速度与现实需求之间的权衡问题。虽然高铁毫无疑问可以比以往的公路和普铁节约时间，但同时由于建设成本、技术问题的存在，出行者乘坐高铁所需的费用也高于普铁。对于出行者个人来说，选择出行方式便是基于自身时间价值的成本与收益的权衡，对于国家和社会层面来说，高铁的建设问题便是高铁所创造的时间效益与社会发展水平和建设成本的权衡问题。

高铁的建设时机是一个复杂的现实问题，存在技术、资金、人员、地形及用地等多方面的限制。基于不同的研究视角，一些研究者也对高铁的建设时机进行了许多分析和论证。刘明君（2012）根据国外城际高铁建设时的人口密度和经济水平以及国内既有城际高铁情况，同时结合交通引导并促进城镇化发展的任务，认为新的城际高铁在城市人均 GDP 达到 40 000 元、人口密度达到 400 人/平方公里时可启动建设。Wu（2014）等将时间价值与地区的收入相联系，认为从中国旅客平均时间价值来看，修建普铁更经济合理，一些人口密集、相对富裕的地区适合建设高铁，但在西部地区和一部分贫困地区，人口收入低，时间价值低，建设高铁是不合理的，即便交通网的建设提高了整体运量，也不足以弥补铁路的投资。林晓言等（2015a）认为，区域人均 GDP 在 20 000 元以下、第三产业就业及结构比例较为平均，且具有丰富旅游资源时，高铁对于区域产生的社会效用最高，是高铁的最佳建设时机；区域人均 GDP 在 50 000 元以上、第三产业就业及结构比例较为均衡时，高铁对于区域的社会效用较高，高铁建设将使区域的发展得到二次提升；当区域经济状况不符合上述条件时，尽管高铁投资效应会对区域经济产生一定的促进效果，但因高铁作用的长期发挥需要与当地经济社会发展和谐契合，如果时机选择不当则容易造成经济发展的短期停滞。林晓言（2019）结合法国、日本和中国的历史数据，认为总体看来，中国高铁的运营速度高于理论需求，但在现实中，高铁不单单是满足人们对于出行速度的需求，在宏观上也起到了分担客运需求、保证经济平稳发展、促进区域交流等作用。

由此可见，基于不同的视角，采用不同的指标对高铁建设的时机进行分析会得到不同的结论，但总体来看，这些结论的共性都说明高铁的建设需要一定的区域经济发展基础及一定规模的人口数量，而且在不同发展水平、不同资源拥有量、不同产业结构的国家和地区高铁建设的最佳时机不同，在实际的高铁规划和建设中，需要进一步结合区域实际情况，并兼顾更多的技术、资金、人员调配的实际情况进行决策。

三、高铁客运时间效益——以中国京沪高铁为例

高铁与普铁和公路运输相比，一个最大的优势就是速度提升带来的旅客旅行时间大量节约。中国高铁有两种定义：其一，根据《高铁设计规范》（TB 10621—2014），中国高铁是设计速度每小时 250 公里（含预留）以上、列车初期运营速度每小时 200 公里以上的客运专线铁路；其二，根据《中长期铁路网规划（2016 年调整）》，中国高铁网由所有设计速度每小时 250 公里以上新线和部分经改造后设计速度达标每小时 200 公里以上的既有铁路共同组成。可见，无论按照任何一种定义，其时速均在 200 公里以上。虽然其速度与民航相比较低，但是考虑到车站通常建设在市区内，而机场通常位于郊区使往返机场的交通时间较长以及较

长的候机时间，因此，在 1 000 公里以内的中短途客运市场，高铁在时间和单位时间价格上比飞机仍更具竞争力①。

借鉴林晓言（2015b）对客运时间价值节约的研究，本节也以京沪高铁为例，对高铁客运时间效益进行分析。京沪高铁由北京南站至上海虹桥站，全长 1 318 公里，设 24 个车站。乘坐京沪高铁从北京至上海最短仅需 4 小时 18 分钟，而如果乘坐直达特快旅客列车（即 Z 字头列车）需 14 小时 44 分钟②。对于考虑时间价值的旅客来说，高铁带来的时间节约效益巨大。具体来说，不同城市间交通方式有民航、铁路（包含高铁及普铁）、公路（包含长途客运汽车及自驾）、水运几种，考虑到水运速度较慢，目前除货运及以休闲观光为目的的旅客乘坐外，实际应用已不多，因此以下研究和分析暂不考虑水运。同时，由于铁路、公路的旅行时间和费用较为固定，而民航价格受订票时间、出行时间和航空公司折扣影响，波动较大，对两地间民航费用的确定较为困难。此外，已有研究对于航空和高铁间的选择和权衡已有一致看法，即在 1 000 公里内的中短途客运市场上高铁更具竞争力，而在 1 000 公里以上的客运市场上航空更占主导地位。因此，以下分析也暂不考虑航空与高铁的对比。

选取京沪高铁上 24 个站点中的北京、济南、徐州、南京、上海五个城市，从北京市出发至其他四个城市的所需费用及时间具体如表 6－1 所示。

表 6－1　京沪高铁部分站点不同交通方式所需费用及时间　单位：元，分钟

交通方式	北京—济南		北京—徐州		北京—南京		北京—上海	
	费用	时间	费用	时间	费用	时间	费用	时间
京沪高铁	184.50	82	309.00	141	443.50	193	553.00	258
普铁	72.00	359	112.00	601	148.50	867	156.50	1 145
长途汽车	130.00	330	213.46	542	315.85	802	403.96	1 025
自驾	423.19	330	694.88	542	1 028.18	802	1 315.02	1 025

注：表中各交通方式的出行时间为 2020 年 1 月 31 日。

其中，北京至济南、徐州、南京、上海间距离分别为 419 公里、688 公里、

① 来自世界银行《交通运输专题系列》之四《把握中国高铁发展计划：高铁运行头三年》。

② 以 2020 年 1 月 31 日北京至上海开通列车为例（于 12306 网站查询所得）。

1 018 公里、1 302 公里，高铁及普铁数据从 12306 网站获取，均考虑高铁列车和普铁列车中运行时间最短的一列，高铁费用为二等座票价，普铁费用为硬座票价[①]。北京至济南乘长途汽车所需时间及费用为携程网站获取的实际长途客车数据，而由于北京至徐州、南京、上海暂未查询到长途客运汽车开通的线路，因此按照上述距离，采用北京至济南的数据进行估计。自驾计算的单位里程费用为 1.01 元/公里，具体构成为过路费 0.45 元/公里[②]及油费 0.56 元/公里 （假设汽车油耗为 8 升/百公里，油价为 7 元/升），并假设自驾的行驶速度与长途汽车一致。

由表 6-1 可知，在四种交通方式中，北京至其他任何四地所需时间最短的均为乘坐京沪高铁，但是，除自驾外，所需费用最高的也是高铁。图 6-1 以北京至徐州为例，直观地显示四种交通方式所花费的时间及费用对比。

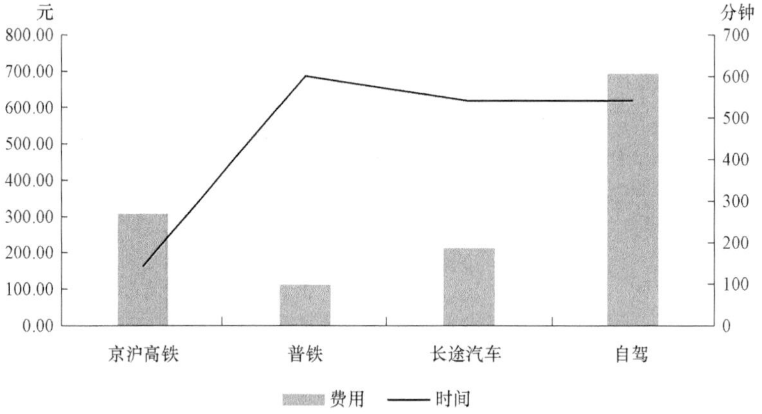

图 6-1　北京至徐州各交通方式所花费用及时间

由图 6-1 可知，乘坐京沪高铁的费用不到自驾费用的一半，高于普铁和长途汽车的费用，但所需时间相比其他三种方式都大幅减少，因此，选择哪种交通方式对于乘客来说是根据自身时间价值所做出的一种时间和费用的权衡。由北京出发至济南、徐州、南京和上海，乘坐京沪高铁相比普铁可节约的时间如

① 北京至济南、徐州、南京普铁均为 K 字头列车，北京至上海普铁由于没有 K 字头列车开通，因此选取 1461 号列车。

② 按照小型车 2 吨（含 2 吨）以下货车、20 座以下客车标准。

表 6－2 所示。

表 6－2　　高铁较普铁可节约时间　　单位：公里，小时

	北京—济南	北京—徐州	北京—南京	北京—上海
里程	419	688	1 018	1 302
节约时间	4.62	7.67	11.23	14.78
每百公里节约时间	1.10	1.11	1.10	1.14

可见，列车在不同行车区间由于地形、经停站等不同使实际运行时间存在一些差别，整体上看，每百公里高铁可以比普铁节约 1.11 小时。但由于高铁的费用仍较高，是否高铁节约的时间是具有“性价比”的仍需要进一步分析。

仍以上述京沪高铁区间为例，采用时间成本法计算不同交通方式的单位时间（1 小时，下同）价值，结果如表 6－3 所示。

表 6－3　　基于时间成本法的各交通方式单位时间价值与高铁单位时间价值比较　　单位：元

交通方式	北京—济南	北京—徐州	北京—南京	北京—上海
普铁	24	26	26	27
长途汽车	13	14	13	12
自驾	－58	－58	－58	－60

由表 6－3 可知，如果旅客的单位时间价值高于 27 元，则相比普铁、长途汽车和自驾，高铁均为最佳出行方式。如果旅客单位时间价值低于 12 元，则对个人而言乘坐高铁仅比自驾具有成本优势。如果旅客时间价值在 14～24（含）元，则高铁比长途客运汽车和自驾都具有成本优势。而在时间价值为 24～27（含）元的区间内，高铁在部分行车区间相比普铁也具有成本优势。在不同单位时间价值假定下，高铁为最佳交通方式的情况如表 6－4 所示。

表 6－4　　不同时间价值下高铁为最佳交通方式的区间　　单位：元

单位时间价值	北京—济南	北京—徐州	北京—南京	北京—上海
0～24（含）	—	—	—	—
24～26（含）	高铁	—	—	—
26～27（含）	高铁	高铁	高铁	—
27 以上	高铁	高铁	高铁	高铁

交通方式的改进离不开社会整体经济水平的发展，乘客对不同交通方式的选择与权衡一定程度上也取决于自身发展阶段和发展程度。对此，政府在整体社会经济发展的一定时期，结合人均收入、出行目的等多方面因素，在合适的时期进行高铁建设的决策，可以整体上获得社会和个人效益的提高。具体而言，各国、各地是否适合高铁的建设和发展以及个人是否应该将高铁视为最佳出行方式都需要因地制宜、因人制宜。

第二节 高铁建设的时空竞争力

一、时空竞争力的概念、测量及相关研究

地区的时空竞争力指在一定区域内，该地区吸引其他地区并发生空间相互作用的能力。一个地区的时空竞争力取决于该地区的经济社会资源状况（如GDP、人口、自然资源等）和其他地区克服时空阻力到达该地区的成本，该成本主要包括到达该地区所需的费用及需要克服物理距离所需的时间，因此在不同的区域划分下，同一地区可能会有不同的时空竞争力。一个地区的经济社会资源状况越好，抵达该地区所需成本越小，该地区的时空竞争力就越强，其经济社会发展的优势就越强（林晓言，2015b）。在计量方法上，学者们通常采用可达性来对高铁开通前后某地区的空间竞争力进行分析。

（一）可达性

可达性是指在空间网络中节点城市借助某种交通方式抵达目标节点的难易程度。对可达性的计算通常采用加权平均旅行时间、经济潜力和日常可达性三种方式，这三种计算方式在可达性变化及其影响的相关研究得到了广泛的应用。孔令章等（2019）通过加权平均旅行时间构建了旅游交通可达性模型，对兰新高铁沿线城市的可达性进行计算来确定沿线城市在经济旅游联系网络中的角色。戴学珍（2016）选择了使用经济潜力模型来衡量可达性，对京沪高铁的开通给沿线站点及非站点城市带来的可达性变化的空间分异规律进行了研究。

王旦和唐红祥（2018）同时运用了加权平均旅行时间、经济潜力和日常可达性三种方式对可达性进行了衡量，研究了广西壮族自治区在高铁开通前后的可达性空间格局。三种计算方式的具体公式如下。

1. 加权平均旅行时间

加权平均旅行时间是评价一个节点城市到区域其他各个节点城市的时间，为进一步反应节点间经济联系强度，在平均出行时间的基础上引入能反应节点的社会经济发展水平和规模的指标作为权重。加权平均旅行时间主要与目标节点在空间的区位、节点与经济中心连接的交通设施质量和经济联系程度等紧密相关。区域内越靠近中心城市的节点指标得分越低，越能直观表示目标节点的可达性水平及变化情况。计算公式为：

$$W_i = \frac{\sum_{j=1}^{n}(T_{ij} \times M_j)}{\sum_{j=1}^{n} M_j} \tag{6-1}$$

其中，W_i 表示区域内节点城市 i 的可达性，T_{ij} 表示通过某交通方式和网络从节点 i 到达 j 所需的时间，M_j 用来评价节点城市 j 的经济实力或对周边地区的辐射力和影响力，通常采用其地区生产总值、人口、人均地区生产总值等指标来衡量。n 为该区域内除 i 以外的节点城市的数量。

2. 经济潜力

经济潜力模型旨在分析目标节点在时间或距离成本基础上获得经济活动机会的大小，反映目标节点作为整体在空间上对周边城市或区域的经济辐射或吸引能力。经济潜力由城市经济实力、人口规模、交通设施的便利程度共同决定，一般来说与城市经济实力、人口规模呈正比，和借助某种交通工具到达其他城市的距离、时间和费用等成反比，经济潜力指数越大，说明该目标节点的可达性越高，一般用经济潜力模型来反映高铁建设对空间相互作用潜力的影响。经济潜力指数通常采用潜力模型计算，计算公式为：

$$P_i = \sum_{j=1}^{n} \frac{M_j}{T_{ij}^{\alpha}} \tag{6-2}$$

其中，P_i 表示节点城市 i 的经济潜力值，T_{ij} 和 M_j 的含义与加权平均旅行时间公式中相同，α 为距离摩擦系数，一般取 1。经济潜力指标侧重于评价区域间的相互作用，多从经济的角度考虑选区经济指标。

3. 日常可达性

日常可达性旨在反映交通设施建设节点城市 i 对周边城市的辐射和扩散作用。一般指某个节点城市在特定时间或距离内可达到的范围大小或人口规模，本质上与平均出行时间类似，可用等时圈、日常最大通行范围来度量，也可用一天内节点城市 i 到其他地区进行办公、旅游等各种活动的人流或物流量来表示。时间跨度为 6～8 小时，则将从节点城市 i 到目标城市的时间限度定为 3～4 小时，往返该地为 6～8 小时，则日常可达性由节点城市 i 在 3～4 小时内（一天工作时间为 6～8 小时）可抵达的人口数量、商品交易数量等决定。日常可达性水平由交通基础设施的质量和完备程度决定，通常结合平均旅行时间、运营频次、枢纽城市的小时经济圈等来分析，日常出行范围越大，表明该区域的可达性程度越高。

不同的指标均能一定程度上反映地区的可达性水平，基于不同的研究目的，研究者通常采用不同的研究指标或结合多种指标进行比较分析。目前，关于高铁开通对于区域可达性的研究认为，高铁对沿线城市可达性的改善与提升产生重要影响，其影响程度因城市所在线路的空间位置、城市的等级规模和城市化发展水平而呈现出一定的规律性（姜博等，2019）。高铁站点区域、沿线城市化发达区域（城市群、都市圈）、少部分位于边缘区域的城市可达性增长幅度最大；位于高铁沿线中间区位的城市可达性增长获益明显高于位于首末区位的城市，站点城市可达受益高于非站点城市。此外，高铁的开通使城市间的空间联系日益加强。高铁极大地缩短了城市间的时空距离，为商品交换和旅客流动节约了时间，促进城市间的经济和社会联系。城市间经济联系方向由“中心城市指向性”向“地域相邻指向性”转变，空间近邻效应越发凸显。高铁对区域经济一体化发展将产生积极影响，出现同城化效应、一体化效应等综合效应。高铁带来沿线城市可达性普遍提升的同时，沿线城市的“相对区位”也得到进一步优化，高铁沿线大中小城市因高铁而串联，人流、物流、资金流、技术流、信息流在城市间、区域间的流动更加便捷和高效，在集聚经济和规模经济的作用下，高铁沿线的新区开发、土地利用、产业布局、基础设施进一步完善，推动了沿线城市与区域经济的发展。

（二）空间相互作用

经济要素以及某些相关非经济要素的空间差异可能导致这些要素的空间流动，这种流动使区域之间或各种空间经济实体之间的经济和社会活动互相关联，发生空间相互作用，从而构成不同层次和总体规模庞大而复杂的空间经济系统。城市和区域间不同类型的道路交通网络是其相互作用的重要载体，交通运输技术的变革将在某种程度上增强空间相互作用的强度，进而促进区域发展。近年来，中国高铁的大规模建设与快速发展也必将改变城市或区域间相互作用的强度和经济联系方向，进而引起城市和区域间经济联系的变化和空间结构的重构。空间相互作用是两地间客流、物流和信息流交换的基础作用。空间相互作用的概念与物理学中的“引力”相似，因此在空间相互作用理论提出后，部分研究者通过改进的引力模型来衡量空间相互作用，如戴学珍等（2019），其采用的具体计算公式为：

$$R_{ij}=\frac{\sqrt{P_iV_i}\sqrt{P_jV_j}}{T_{ij}^2} \qquad (6-3)$$

其中，R_{ij} 代表城市 i、j 间空间相互作用强度，P_i、P_j 分别表示城市 i、j 的地区生产总值，V_i、V_j 分别表示城市 i、j 的人口数量，根据研究设计和研究目的不同，也可以选取不同的经济指标进行测量，T_{ij} 表示综合考虑费用与时间成本的城市 i、j 间的最小综合成本，T_{ij} 的计算公式为：

$$T_{ij}=\frac{L_{ij}}{S}+\frac{L_{ij}\times P}{V} \qquad (6-4)$$

其中，L_{ij} 表示城市 i、j 间的空间距离，S 表示不同交通方式的平均运行速度，P 表示不同交通方式的基准费率，V 表示旅客的单位时间价值。

除改进的引力模型外，许多研究者也运用改进的潜力模型、断裂点模型、最大熵模型、Alonso 模型以及粒子扩散模型等研究高铁对空间相互作用的影响。殷平等（2019）通过对空间相互作用等指标的分析，发现高铁对京津冀地区旅游城市空间作用影响显著并逐年增大，且高铁的开通也带来了区域旅游重心的转向和扩散效应。戴学珍（2019）对不同交通方式对京津冀空间相互作用的贡献率进行了对比，发现高铁带来的空间相互作用强度的增加沿着北京、天津、石家庄、邯郸等站点城市显示出廊道效应。

二、时空竞争力对城市发展的异质性影响

已有研究均认为，以开通高铁为代表的交通基础设施建设通过可达性提高和空间相互作用使城市时空竞争力提高，而无论是旅行时间的节约，还是可达性的提高，都进一步提高了区域间资金流、物流、信息流的交流速度和频率，从而促进地区生产率和社会效益的提高。普铁、现有高铁和规划高铁情形下的可达性空间格局呈“核心—边缘”模式，高铁建设促进了相对区位较优越地区向周边地域的迅速扩张，壮大了城市的发展潜能；城市群的可达性格局受高速铁路网发育水平的显著影响，高铁建设初期强化了区域可达性的分异，而随着路网的完善，区域可达性的差异逐渐弱化（梅琳等，2018）。进一步，高铁建设带来的时空竞争力增强对不同发展程度、不同区位的城市的影响如何不同仍需进一步分析和讨论。王旦和唐红祥（2018）对广西高铁开通后的可达性空间格局进行分析发现，高铁开通运营拉近了广西 14 个城市间的时空距离，但城市之间改善程度存在差异，表现为湘桂高铁沿线城市可达性较强，南广、云桂等高铁沿线城市和沿海城市可达性改变较大。孔令章等（2019）以兰新高铁为例进行研究，发现高铁时空压缩效应促使沿线城市旅游交通可达性和旅游经济联系普遍提升，但提升幅度具有空间差异性，廊道东侧城市优于西侧城市，各省区旅游经济基础较好城市优于基础较差城市。虽然研究者开始意识到了高铁建设带来的地区时空压缩效应存在区域异质性，但是大多关注某一地区或某条线路的分析和计算，以大样本进行统计分析来验证高铁开通带来的城市时空竞争力提升是否在统计意义上对当地发展具有影响，以及区域之间的差别如何体现的相关研究仍较为缺乏。因此，我们设计了如下研究对高铁建设带来的时空竞争力对城市发展的异质性影响进行分析，将高铁开通作为一项政策措施来检验其对经济增长的作用效果。

（一）样本选择与变量定义

对于高铁，不同的国家和机构有不同定义，对此我们采用中国国家铁路局及其颁布的《高速铁路设计规范》中的界定：设计开行时速 250 公里以上（含预留）、初期运营时速 200 公里以上的客运专线铁路。目前，公认的中国第一条高铁为 2008 年开通的京津城际铁路。根据本研究的研究问题和数据可得性，以下我们采用 2002—2016 年作为研究的时间窗口，将中国的地级市作为研究对象，并从各年《中国城市统计年鉴》中获取所需数据，在剔除掉数据缺失严重的样本后，共获得 291 个城市共 4 050 个观测值。

我们采用文献中常用的地区生产总值增长率作为经济增长的测量指标。高铁开通的虚拟变量 *hsr* 用 2008—2016 年高铁开通的时间对各地级市进行赋值，如果该城市在该年开通了高铁，则在该年及此后年份 *hsryear* 值为 1，否则为 0。为了控制其他可能对经济增长造成影响的因素，尽可能消除各地级市之间非对称因素的影响，我们还控制了以下变量：（1）经济发展水平。当前经济发展的水平可能会对经济的增长速度产生影响。（2）固定资产投资。固定资产投资越多，可能有更多的大规模工业企业，其集聚程度的提高可能会促进经济增长率提高。（3）第二产业发展程度。第二产业发展程度的提高可能会使经济增长率增加。（4）第三产业发展程度。第三产业越发达，则经济增长速度可能越快。（5）政府规模。政府投资通过资源的重新配置可能会对经济的发展产生影响。（6）劳动力成本。劳动力成本高，一方面使得经济发展的成本较高，但另一方面也可能说明当地的教育水平或劳动力的技能熟练度较高，可能对经济发展产生一定影响。表 6 – 5 中列示了对变量的定义和所采用的测度指标。

表 6 – 5　　变量定义与指标说明

变量符号	变量	定义
gdpg	经济增长率	该城市地区生产总值增长率，用该年地区生产总值较上一年的增长比例表示
hsr	是否为开通高铁的城市	虚拟变量，1 = 该城市在观测期内有高铁开通，0 = 在观测期间内没有高铁开通
hsryear	该年是否已开通高铁	虚拟变量，1 = 该城市在该报告年份已有高铁开通，0 = 该城市在报告年份尚未开通高铁
lngdpp	经济发展水平	人均地区生产总值的自然对数

续表

变量符号	变量	定义
fixedag	固定资产投资	地区固定资产投资总额年增长率
sind	第二产业发展程度	第二产业产值占地区生产总值的比重
tind	第三产业发展程度	第三产业产值占地区生产总值的比重
gov	政府规模	地区财政预算内支出占地区生产总值的比重
lnwage	劳动力成本	城镇单位就业人员平均工资水平的自然对数

（二）研究设计

为了科学评价开通高铁对经济增长的作用，需要对高铁建设和经济发展本身的内生性问题进行探讨。高铁的规划、建设和开通作为国家的战略规划和措施，可能会受到城市发展水平的影响，即优先开通高铁的城市可能本身就具有较高的经济增速和较高的发展水平，如果采用普通最小二乘法（OLS）对该问题进行分析可能会导致较严重的反向因果产生的内生性问题。而双重差分法（Difference in Difference，DID）能够一定程度上解决该研究中的内生性。原因在于，高铁开通的影响主要来自两部分：一部分是随时间自然增长或经济形势变化而形成的“时间效应”部分，另一部分是高铁建成投入使用后而引起的“政策处理效应”。而双重差分法能够通过处理组和控制组、政策实施前后的两次差分获得政策实施的净效应。此外，由于中国的高铁并不是同时建设、同时开通的。事实上，自从第一条高铁——京津城际铁路在 2008 年开通后，多条高铁线路陆续建成并投入使用，因此很难确定一个统一的年份作为高铁成为政策措施的实施年份。

综合以上因素，我们采用多期双重差分法进行分析，将不同城市高铁开通的年份作为当地政策实施的年份，这样既能通过双重差分法准确地评估政策实施后带来的净效果，又可以避免采用统一政策实施年份可能造成的误差。具体研究模型如下：

$$gdpg_{i,t} = \beta_0 + \beta_1 hsr_{i,t} \times hsryear_{i,t} + \beta_2 C_{i,t} + year_t + city_i + \varepsilon_{i,t} \qquad (6-5)$$

其中，$gdpg_{i,t}$ 为被解释变量，表示 i 城市在第 t 年的经济增长率；$hsr_{i,t} \times hsryear_{i,t}$ 为主要解释变量，表示 j 城市是否为高铁经过的城市以及当年是否开通高铁的交乘项；$C_{i,t}$为采用的控制变量；$year_t$为年份固定效应，用年份虚拟变量表示；$city_i$为城市固定效应，用城市的虚拟变量表示；$\varepsilon_{i,t}$为随机扰动项；β_1、β_2为各项的系数，β_0为截距项。

（三）实证检验结果及进一步讨论

研究使用了多期双重差分双向固定模型检验了高铁开通带来的时空竞争力对经济发展的异质性影响，回归结果如表 6－6 所示。模型（1）显示解释变量 $hsr \times hsryear$ 系数为正且显著（$\beta = 0.63$，$p < 0.01$），说明高铁开通在全样本下对于经济增长速度具有显著正向的影响，即开通高铁的城市比未开通高铁的城市经济增长速度更快。从数值上看，高铁的开通会带来平均经济增速 0.63%的提升。

然而，中国幅员辽阔、城市众多，不同行政地位、发展水平、地理位置的城市情况有所不同，高铁的开通对于不同发展阶段、不同区位的城市可能会有不同的影响。已有部分文献通过将样本进行分类来研究高铁对于不同地区的异质性影响，但是不同研究者对此的看法并不一致。张俊（2017）用卫星灯光数据作为经济发展的测量指标，对高铁建设对县域经济发展的影响进行了研究，认为高铁开通对县级市和县经济发展带来不同影响，高铁开通对有高铁的县级市经济增长贡献为 34.64%，而对县级单位经济增长的影响不明显。张克中和陶东杰（2016）研究认为，高铁开通显著降低了沿途非区域中心城市的经济增长率，且距离区域中心城市越近的地级市受到高铁开通的负向影响越大。年猛（2019）研究发现，无论是县级行政区还是地级及以上市辖区都受益于高铁的运行，但是各类区域经济的增长率收益的程度不同，其中普通县最高，其次是县级市和地级及以上城市市辖区。因此，在分析和检验了高铁开通对全样本下经济增长的正面影响后，我们也通过将样本城市进行分类，以进一步分析和检验高铁带来的时空竞争力对于地级市经济增长的异质性影响。

由于省会城市往往是一个省的经济、文化和政治中心，相较于省中的其他地级市，省会城市往往具有独特的优势因素，也往往是各类交通基础设施最先连接的城市，在高铁建设之前省会城市就是省级区域中的交通枢纽和发展中心，因此高铁开通对于省会城市和非省会城市经济增长带来的影响应并不相同。此外，由于直辖市在行政级别上与省同级，且具有独特的政策优势，其发展优势与省会城市类似，因为本研究的研究单位是地级市，因此不再对直辖市下辖区作进一步细分，而将直辖市也划分到省会城市的分组中进行进一步分析。基于此，我们建立了模型（2）和模型（3）将样本分为省会城市和非省会城市①，仍采用同样的模型进行回归分析。由表6－6中模型（2）和模型（3）的结果可知，省会城市分组中的 $hsr \times hsryear$ 项系数不显著，而非省会城市中 $hsr \times hsryear$ 显著为正（$\beta = 0.69$，$p < 0.01$），即高铁开通对非省会城市有显著的正向影响，具体而言，高铁开通可以使经济增速平均上升0.69%，而高铁开通对省会城市经济增长的影响并不显著。从中可以发现，非省会城市样本中高铁开通可以使经济增速上升的平均数值要大于全样本下的该数值（0.69%＞0.63%）。其原因可能在于：首先，省会城市（包含自治区首府及直辖市）为该省级行政区域经济、政治、文化的中心，通常是该省级区域优先发展的对象，在发展过程中受到一系列的政策优待和资源倾斜，其经济增长受到众多因素影响，相比之下，以高铁为代表的基础设施建设并不一定能够对经济增长造成显著影响。其次，省会城市通常是一个省级行政区域交通基础设施优先考虑的城市，即使在高铁开通之前，省会城市也是省级行政区域内的交通枢纽，公路、铁路交通便利，客运、货运的交通便捷性远优于非省会城市，因此高铁的开通所带来的交通基础设施改善对于省会城市可达性等指标的提升相比非省会城市并不明显，因而对于经济增长的影响可能不显著。

表6－6　　多期双重差分法回归结果

变量	（1）	（2）	（3）	（4）	（5）
	全样本	非省会城市	省会城市	非一线或新一线城市	一线或新一线城市
	gdpg	*gdpg*	*gdpg*	*gdpg*	*gdpg*
$hsr \times hsryear$	0.63***	0.69***	0.00	0.69***	－0.61
	（2.89）	（2.83）	（0.01）	（2.94）	（－1.34）
lngdpp	0.31	0.22	0.66	－0.01	2.81***
	（0.83）	（0.53）	（0.71）	（－0.04）	（4.33）

① 自治区的行政驻地应称首府，在此不在名称上做严格区分，将自治区首府、直辖市均视为省会城市。

续表

变量	（1）	（2）	（3）	（4）	（5）
	全样本	非省会城市	省会城市	非一线或新一线城市	一线或新一线城市
fag	0.02***	0.02***	0.04***	0.02***	0.02***
	（10.83）	（9.86）	（6.52）	（10.22）	（5.10）
sind	0.16***	0.17***	0.23*	0.17***	0.42***
	（7.24）	（7.18）	（1.89）	（7.32）	（3.27）
tind	0.00	−0.01	0.17	0.00	0.38***
	（0.13）	（−0.25）	（1.45）	（0.14）	（2.86）
gov	0.02**	0.04***	0.00	0.02**	0.15***
	（2.41）	（3.22）	（0.30）	（2.15）	（3.04）
lnwage	0.40*	0.4	0.11	0.42*	0.11
	（1.88）	（1.59）	（0.55）	（1.87）	（0.35）
city	控制	控制	控制	控制	控制
year	控制	控制	控制	控制	控制
常数项	−3.22	−3.01	−14.00	−1.00	−55.98***
	（−0.93）	（−0.77）	（−1.54）	（−0.27）	（−4.78）
N	4 050	3 633	417	3 781	269
R^2	0.41	0.41	0.59	0.41	0.76
F	124.30	110.60	25.10	113.00	34.86

注：表内括号中的值为 *t* 值；*、**、***分别表示在 1%、5%、10%的水平上显著。

在区分是否为省会城市建立分组后，我们也考虑采用行政标准划分外的其他分类方法。第一财经新一线城市研究所于 2019 年 5 月发布了《2019 城市商业魅力排行榜》，通过收集 170 个主流消费品牌的商业门店数据和 18 家各领域头部互联网公司的用户行为数据和数据机构的城市大数据，按照商业资源集聚度、城市枢纽性、城市人活跃度、生活方式多样性和未来可塑性五大维度指数来评估 337 个中国地级及以上城市，结合新一线城市研究所专家委员会打分及使用主成分分析法综合得出最终结果，评选出一线城市、新一线城市、二线城市、三线城市、四线城市、五线城市，其中，一线城市和新一线城市名单如表 6－7 所示。

表 6－7　　一线城市及新一线城市名单

分类	城市名单
一线城市（4 个）	北京、上海、广州、深圳
新一线城市（15 个）	成都、杭州、重庆、武汉、西安、苏州、天津、南京、长沙、郑州、东莞、青岛、沈阳、宁波、昆明

与是否为省会城市相比，该划分与城市的行政级别无关，而是采用商业资源集聚度、城市枢纽性、城市人活跃度、生活方式多样性和未来可塑性五个指标对城市进行评估，更能体现出不同城市由于自然环境、历史文化等因素造成的发展差异，对比中国的省会城市名单可以看出，并非所有省会城市都属于一线或新一线城市，且有部分非省会城市进入名单中。因此，我们进一步采用是否属于一线城市或新一线城市的划分方法将全样本分为两组进行回归分析。

回归结果如表 6－6 中模型（4）和模型（5）所示。可以看出，一线或新一线城市分组中的 $hsr \times hsryear$ 项系数不显著，而非一线或新一线城市中 $hsr \times hsryear$ 显著为正（$\beta=0.69$，$p<0.01$），即高铁开通对非一线或新一线城市有显著正向的影响，具体而言，高铁开通可以使经济增速平均上升 0.69%，而高铁开通对一线或新一线城市经济增长的影响并不显著，且非一线或新一线城市样本中高铁开通可以使经济增速上升的平均数值要大于全样本下的该数值（0.69%＞0.63%）。其原因可能在于：一方面，一线及新一线城市目前经济发展水平已经位居全国前列，在存量水平较高的情况下，增速势必放缓，高铁开通这一举措对于经济的带动作用就显得有限。另一方面，与省会城市类似，一线及新一线城市经济的发展都是多方面因素推动的，交通基础设施改善带来的时空竞争力仅仅是这些因素中的一小部分，对经济整体增速的作用可能不显著。

此外，由于中国地形整体西高东低，西部地形远远比东部复杂，为工农业发展、交通基础设施建设及大型城市和城市群的出现和建设增加了许多困难，加上改革开放以来东部许多城市和地区作为对外开放的窗口先行发展了起来，相比较而言，中西部地区的发展比较缓慢，这些长期的自然因素和政策因素使得中国东中西不同区位的城市发展存在比较严重的不平衡现象。将中国的城市划分为东中西部这种方式也在学术研究中受到广泛应用。例如，董艳梅和朱英明（2016）通过东中西部的划分研究了高铁建设对就业的区域异质性影响，发现高铁建设对东部和中部高铁城市的总就业促进效应最显著，且扩大了东中部大型高铁城市与非高铁城市之间的总就业空间差距。因此我们根据城市所处区位将全样本作进一步划分。具体分类采用国家统计局的划分标准[①]：东部地区包括北京、天津、河北、辽宁、上海、江苏、浙江、福建、山东、广东、海南；中部地区包括山西、吉林、黑龙江、安徽、江西、河南、湖北、湖南；西部地区包括内蒙古、广西、重庆、四川、贵州、云南、西藏、陕西、甘肃、青海、宁夏、新疆。

将样本分组后的回归结果及与全样本的对比如表 6-8 所示。结果显示，东部地区的 *hsr* × *hsryear* 项不显著，表明高铁开通对东部地区的高铁城市经济增长影响不显著；中部地区的 *hsr* × *hsryear* 项显著为正（$\beta=0.80$，$p<0.01$），西部地区的 *hsr* × *hsryear* 项也显著为正（$\beta=1.31$，$p<0.01$），表明高铁开通对中西部地区的高铁城市经济增长具有显著正向的影响。从数值上来看，高铁开通对中部高铁城市带来的平均经济增长为 0.80%，对西部高铁城市带来的平均经济增长为 1.31%。

表 6-8　　基于所处区位样本分组的回归结果

变量	（1）	（6）	（7）	（8）
	全样本	按所处区位分样本		
		东部地区	中部地区	西部地区
	gdpg	*gdpg*	*gdpg*	*gdpg*
hsr × *hsryear*	0.63***	0.39	0.80***	1.31**
	（2.89）	（1.08）	（2.76）	（2.45）
lngdpp	0.31	0.63	-0.21	-0.31
	（0.83）	（0.85）	（-0.26）	（-0.54）
fixedag	0.02***	0.04***	0.03***	0.01***
	（10.83）	（10.48）	（8.69）	（3.24）
sind	0.16***	0.26***	0.21***	0.08*
	（7.24）	（5.64）	（6.52）	（1.93）

① 该东、中、西部划分标准为中国国家统计局发布的《2016 年全国房地产开发投资和销售情况》中对各省份的划分（http://www.stats.gov.cn/tjsj/zxfb/201701/t20170120_1455967.html）。

续表

变量	(1)	(6)	(7)	(8)
	全样本	按所处区位分样本		
		东部地区	中部地区	西部地区
	gdpg	*gdpg*	*gdpg*	*gdpg*
tind	0.00	0.10**	0.01	−0.04
	(0.13)	(2.03)	(0.22)	(−0.87)
gov	0.02**	−0.00	0.07***	0.01
	(2.41)	(−0.11)	(2.75)	(0.87)
lnwage	0.40*	0.38	0.47	0.30
	(1.88)	(0.81)	(0.74)	(0.97)
city	控制	控制	控制	控制
year	控制	控制	控制	控制
常数项	−3.22	−14.77**	−2.60	9.05*
	(−0.93)	(−2.01)	(−0.32)	(1.65)
N	4 050	1 422	1 412	1 216
R^2	0.41	0.48	0.55	0.30
F	124.30	56.69	75.17	22.82

注：表内括号中的值为 *t* 值；*、**、***分别表示在 1%、5%、10%的水平上显著。

结合全样本及东中西部分组的回归结果可以看出，高铁开通对高铁城市的经济增长影响存在区域异质性，具体表现为，对目前经济发展状况较好地区的影响不显著或较小，而对目前经济状况发展较欠缺地区的影响更大。其原因可能在于：第一，中西部地区的许多高铁城市由于所处地形以高原、山地为主，加上过去经济发展程度的约束，缺乏充足的资金建设和完善本地区的公路和铁路线路，导致这些城市在高铁开通前已有交通基础设施较不完善，成为限制经济增长的重要因素之一，在高铁开通后这一情况得到极大改善，可达性提升带来的资金流、物流、信息流的沟通频率和速度极大增加，从而为地区经济增长提供了强劲的动力。东部地区大部分城市地形平坦，以平原和丘陵为主，交通路网发达，公路、铁路、水路衔接、转换便利，人口密度大，城市与城市之间、城市群之间的距离较短，因此在高铁开通之前其交通基础设施已较完善，高铁开通对其可达性的提升低于中西部地区城市，因此对经济的带动作用可能并不显著。第二，中西部地区目前第一产业比重仍较大，第二产业中以重工业为主，许多城市的发展模式较为单一，城市发展对自然资源的依赖较重，而无论是第一产业还是重工业都极大地依赖于交通运输的效率，不发达的交通运输网络会成为经济增长的瓶颈，因此交通因素对经济的影响较大。中西部城市第二、三产业占比较大，而东部地区城市第二产业中轻工业及轻重混合型工业较为发达，经济发展程度相对较高，导致其经济的进一步增长对单一因素的依赖性较小，因此高铁开通带来的时空竞争力增强不一定能够显著增强东部地区高铁城市的经济增速。

第三节　泰国高铁建设的时空效应预测及政策建议

一、泰国高铁建设的时空效应

泰国是亚洲最早一批拥有铁路的国家之一，但后续的发展较为缓慢，迄今为止仍在使用老式的米轨铁路。泰国的客运、货运交通以公路为主，铁路在出行和货物运输中仍有较大的发展潜力。根据上文的分析和基于中国高铁建设的经验，高铁开通带来的时空压缩效应会提高沿线城市的时空竞争力，进而对沿线城市的经济增长起到正向作用。

从时间效益来看，相较以往公路和普铁的运输时间，高铁的开通会使运输时间大大缩短。以泰国高铁规划第一期的四条线路为例，对比相同出发地和目的地采用不同交通方式时所需的时间及费用[①]。在预计采用高铁所需时间时，使用里程与速度平均值的比值，并与普铁和公路所需最短时间进行对比，计算可节约的时间，结果如表 6－9 所示，预计高铁开通后的交通时间会大幅下降。

① 普铁和公路客运汽车的费用及所需时间来源于 https://www.thairailwayticket.com/eTSRT/及 https://www.busonlineticket.co.th/zh－hans/。

表 6-9　　　泰国相同出发地和目的地不同运输方式情况对比

线路	曼谷—呵叻	曼谷—罗勇	曼谷—彭世洛	呵叻—廊开
里程/公里	253	220	380	355
普铁费用/泰铢	425	—	479	398
普铁时间/分钟	256	—	282	257
客运汽车费用/泰铢	—	210	288	—
客运汽车时间/分钟	—	210	360	—
高铁计划开通年份	2023	2024	2025	2026
高铁速度/（公里/小时）	200～250	160～250①	200～250	200～250
预计高铁费用/泰铢	107～534	200	640～1 700	—
预计高铁时间/分钟	67.47	64.39	101.33	94.67
预计客流量/（人/天）	5 000	13 200	29 000	29 000
高铁可节约时间/小时	3.14	2.43	3.01	2.71

以曼谷—彭世洛线路为例，采用公路客运汽车、普铁及高铁三种方式所需的时间和费用如图 6-2 所示。由图可知，高铁所需的时间远低于公路和普铁，带来的时间节约效益非常可观，但其所需费用也高于公路和普铁，因此对于出行者个人来说选择何种交通方式是基于费用和时间的权衡。

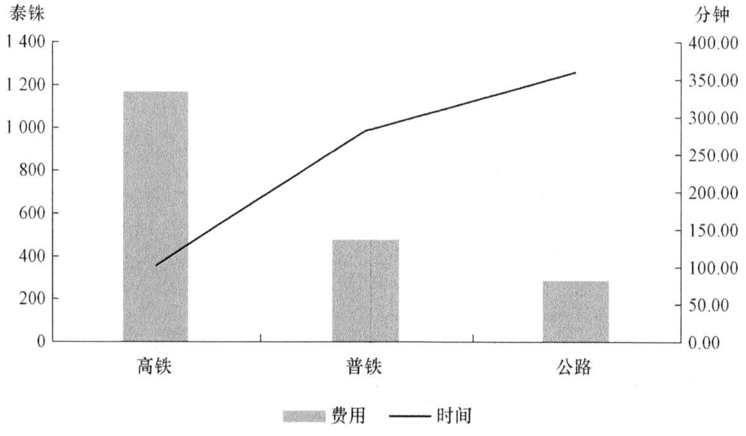

图 6-2　曼谷—彭世洛各交通方式费用及时间

① 机场连线分为两种车型：城市轨道，廊曼机场—素万那普机场，时速 160 公里；高铁，廊曼机场—乌塔堡机场，时速 250 公里。

根据泰国经济与社会发展委员会2019年发布的2018年泰国宏观经济数据，泰国2018年人均收入为240 544.9泰铢（约合7 447美元）。以1年365天，22天公共假期，每周5天工作日，每天8小时工作时间为例，每人每年工作时间为1 912小时，人均小时薪酬为125.81泰铢。结合高铁开通预计客流量、高铁可节约时间及人均薪酬，假设出行人群中商务目的占比30%（中国京沪高铁为80%），泰国高铁规划第一期的4条线路共计可创造效益约806.4万泰铢/天，仅从时间节约角度来看，这4条高铁线路的开通全年可创造经济效益约29.43亿泰铢。

根据中国高铁建设的分析结果，高铁建设不仅会通过时间节约来提高社会生产率，也起到了分担客运客流、保证经济平稳发展、促进区域交流等作用。从客运客流角度看，根据泰国交通部2008年的调查结果，公路运输占比高达86%，铁路运输仅占2%，而公路运输存在交通事故率高、污染严重等问题，过分倚重公路运输也会造成交通拥堵问题，进一步延长两地间交通所需时间。与之相比，高铁运量大、事故率低、对环境的污染小、所需时间短且时间较为可控。

从经济发展的角度来看，2014年以来泰国GDP增长率均低于5%，并于2018年起逐年下降，泰国的高铁修建无疑会为经济发展提供新的动力。从中国高铁开通的经验来看，高铁开通为沿线城市经济增长带来的影响是显著的。从区域异质性的角度来看，铁路开通对线路中间站点可达性的提升高于线路端点的城市，泰国铁路开通对于经济较不发达地区、交通较不便利地区的经济带动作用可能要大于曼谷这样的经济中心城市，有益于区域间平衡发展和整体国家经济增速的提升。

二、泰国高铁建设的政策建议

（一）根据收入水平、出行目的和现有交通方式合理定价

如前文所分析，对于出行者个人而言，选择何种交通方式取决于出行成本和时间的权衡，因此个人决策会根据个体时间价值不同而异。不同地区的区域发展水平不同、收入水平也不同，对于高收入人群来说其时间价值高，对于一

定时间价值水平以上的出行者来说，选择高铁是最佳的出行方式。不同出行目的的出行者其时间价值也不同，一般认为商务目的出行者的时间价值要高于休闲旅游目的的出行者。因此，高铁的定价会通过影响个人的最终出行决策来影响高铁的乘客数量，进而影响高铁运营的经济效益。过高的定价会减少乘客的数量，也会使高铁开通本应起到的正向影响被削弱。过低的定价一方面会降低高铁运营的收益；另一方面也会使目标人群激增，造成供不应求的情况。因此，需要结合收入水平、乘客出行目的和现有交通方式来综合衡量，确定合理的泰国高铁价格，以发挥出高铁带来的时空效益及其对经济的带动作用。

（二）制定适合、适宜的高铁线路规划

泰国高铁线路未来的规划应结合城市发展规划制定，认识到高铁建设对线路中间站点可达性的提升大于线路两端，对于已有交通较不便利的城市的经济带动作用弱于交通便利城市，对于经济发达地区的经济增长促进作用弱于经济欠发达地区，对于地区经济、政治中心城市的经济增长促进弱于区域内其他城市。因此，高铁建设的一个重要作用就是通过人、货、资金、信息等的快速流动来促进区域发展的平衡化，促进欠发达、交通不便地区的经济增长，从而为泰国经济的整体提升带来新的增长点。

（三）将高铁速度规划与社会发展情况相结合

在不同的社会发展阶段下进行不同的交通基础设施建设才能符合社会发展的需要。适当超前的基础设施建设会带动区域经济发展，刺激社会新需求的出现，但过度超前的交通基础设施建设可能由于成本—收益不匹配而导致经济的暂时停滞。因此，根据泰国不同区域、不同城市的发展情况和未来发展预测来合理规划高铁速度，并结合自然条件、技术、资金等实际情况因地制宜，一线一策、一城一策，才能最大程度发挥高铁对于泰国经济、城市发展的作用。

第七章　高铁建设对泰国区域经济总量的影响研究

世界银行将基础设施分为经济性基础设施和社会性基础设施。其中，高铁、邮电通信、能源供给等经济性基础设施作为物质资本，直接参与生产过程，有益于提高整个社会生产能力进而加快经济增长速度。因此，高铁作为重要的基础设施，不仅可以通过需求拉动及资本积累在短期内直接影响经济增长，而且还能间接对经济增长产生长期的促进作用。从宏观经济层面来看，高铁投资建设作为国民经济的一项重要的要素投入，不仅能引起总产出直接增加，还会通过乘数效应影响资本积累，带动几倍于投资额的社会总需求，从而提高国民收入，促进经济增长。此外，依据现代内生经济增长模型，高铁是政府提供的基础设施公共产品，它对地方政府资本和私人资本具有溢出效应，从而促进经济增长。

高铁作为典型的经济增长轴，通过对投资、劳动力和其他生产要素流动的引导，对各地的产业布局产生深远的影响，最终改变铁路沿线城市的经济结构，转变各地的经济增长模式。高铁的修建运营将大大缩短时空距离，有效促进地区间的人员和货物流动，加强沿线城市和地区间的经济联系，加速市场经济的发展，实现资源的有效配置和专业化协作，发展规模经济，提高整体效率，促使区域交通条件得到改善，有效改善投资环境，增加对外资的吸引力。

高铁修建使得沿线各城市的可达性大幅提高，各个城市间的人口和资金流动会更加频繁，经济合作机会大大提高。同时，高铁修建使沿线相对落后的地区焕发出巨大的经济活力，促进当地经济的快速发展，进一步促进交通沿线及地区间的经济一体化，形成沿线具有活力和实力的经济发展增长轴。

中泰铁路是泰国的第一条标准铁路。泰国原有的交通运输网络以公路为主，铁路设施较为老旧；同时，泰国经济发展地区不平衡问题较为突出，曼谷及周边地区与其他城市之间以及都市和农村之间的经济发展速度差距较大。中泰铁路建设不仅可以改进泰国落后的铁路运输网络，完善基础设施，强化其交通枢纽地位，还有助于泰国借鉴中国高铁的先进技术和运营经验，培育本国铁路人才，以实现泰国铁路的高质量跨越式发展。铁路建设可以促进区域互联互通，改善投资环境，带动相关产业发展，拉动就业，从而带动整个国民经济的发展和区域影响力的提升。中泰两国的互联互通，将有利于泰国吸引各国投资，并带动泰国农产品的出口，扩大泰国在东盟国家中的辐射作用。

中国的高铁建设为研究高铁对于区域经济总量的影响创造了理想的研究情境。本章以中国的高铁建设情况为例，研究高铁建设对于区域经济总量的作用，进而预测中泰高铁可以为泰国经济发展带来的积极作用，并为中泰高铁规划和建设提出相应的政策建议。

第一节　高铁建设与区域经济总量关系概述

高铁建设与区域经济关系可分为两部分阐述，一是高铁建设期的经济带动作用，二是高铁运营期的经济拉动效应。在确定修建高铁线路之时，沿线的各地方政府就会随机而动，采取相应的调整和应对措施，为最大限度发挥高铁对本地区的影响做准备，这包括优化城市空间布局、确定征地拆迁方案、车站选址、建立投融资平台、进行产业结构优化调整等。随着高铁的开工建设，与地方政策联动的是地方资本移动，沿线城市无论从配套设施资金的融资与投入，还是通过交通基础设施改善吸引外市资本的流入，最终都转化为当地新增固定资产投资，从而对当地的经济增长产生倍增效应。通过资本流动、高铁运营之后的劳动力流动加速以及随之而来的技术流动等，高铁促使各地经济结构优化调整，推动沿线城市经济增长点的形成与优化，促进了经济总量的增长。

高铁正式开工后，部分高铁投资直接构成了沿线城市的 GDP。此外，地方政府的配套投资以及配套设施的建设投资也会提高高铁沿线城市的 GDP。同时，随着高铁建设的民间资本流动，新的产业链逐步形成，进一步增加沿线城市的 GDP。高铁建设的各项产品与设备的采购直接带来沿线城市的有效需求，促进地方经济发展，具有乘数效应。高铁建设带来的直接需求具有高技术特点，推动相应产品与设备的技术标准提升，促进企业技术升级，提高企业竞争力，最终促进地方经济增长。例如，中国京沪高铁的运营直接影响民间资本和外资流动、人才流动和消费流动、生产要素与需求重新布局。对于不同的城市而言，这些影响不尽相同。对于城市的增长点，也就是支柱产业集聚区而言，生产要素的重新布局会促进当地的 GDP 增长，但是对于增长点之外的区域而言，则可能因生产要素的流出而遭受受损。消费的分层与跨区域流动与集聚则对二、三线城市的服务业产生较大的负面效应，可能影响当地经济的增长。

总之，高铁的开工建设和运营通过影响沿线城市的资本、就业和技术等生产要素的流动，进而影响沿线城市的 GDP 增长。高铁通常都与其他影响因素相互影响，复合在一起共同作用，产生综合经济效应。因此，在本研究中，关于高铁对于经济总量增长和产业结构优化的影响都是基于高铁与其他影响因素联合作用的综合效应，高铁在其中发挥了着力点和助推器的关键作用。高铁对经济的影响作用机制如图 7－1 和图 7－2 所示。

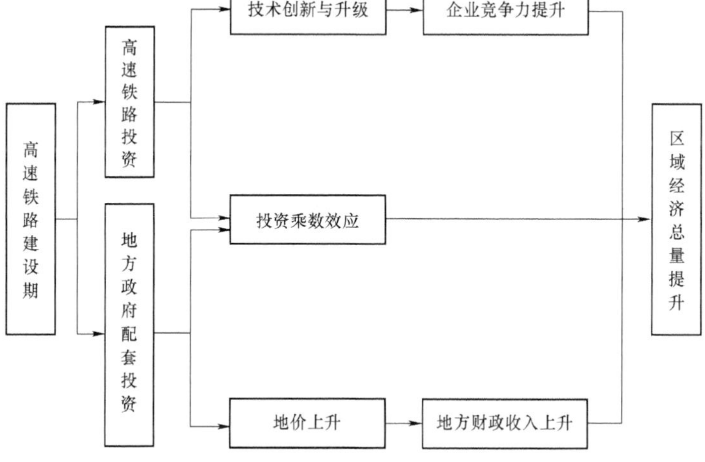

图 7－1　高铁建设期对区域经济总量的影响途径

资料来源：根据林晓言（2017）研究内容整理所得。

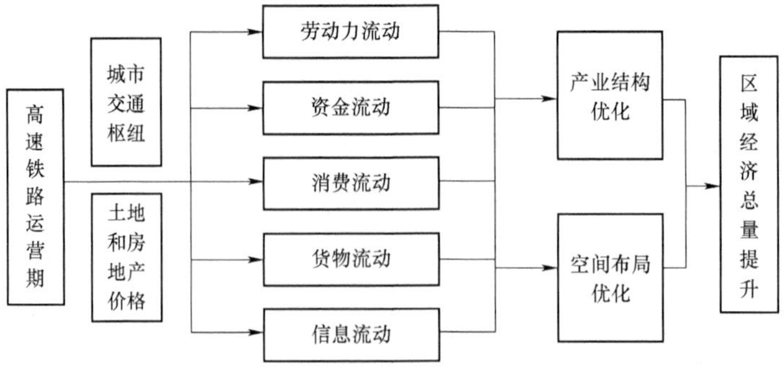

图 7－2　高铁运营期对区域经济总量的影响途径

资料来源：根据林晓言（2017）研究内容整理所得。

第二节　基于中国数据的高铁建设对区域经济总量的影响

本节将以中国京沪高铁为例，通过数据定量分析高铁修建开通后综合经济效应对沿线城市经济总量提升的实际影响。京沪高铁位于中国东部地区的华北和华东地区，两端连接环渤海和长三角两个经济区域。所经区域面积占国土面积的 6.5%，人口占全国总人口的 26.7%，人口 100 万以上城市有 11 个，GDP 占全国的 43.3%，是中国经济发展最活跃和最具潜力的地区，也是中国客货运输最繁忙、增长潜力巨大的交通走廊。设计最高运行时速 380 公里，初期运营时速 300 公里，列车最小追踪间隔按 3.5 分钟设计。京沪高铁建成后，列车以时速 380 公里运行，北京南站至上海虹桥站全程运行时间为 3 小时 45 分钟；以时速 350 公里运行，运行时间为 3 小时 58 分钟；以时速 300 公里运行，运行时间为 4 小时 3 分钟。年客运输送能力双向达到 1.6 亿人次[①]。京沪高铁由北京南站至上海虹桥站，设 24 个车站，由北向南分别为：北京南站、廊坊站、天津西站、天津南站、沧州西站、德州东站、济南西站、泰安站、曲阜东站、滕州东站、枣庄站、徐州东站、宿州东站、蚌埠南站、定远站（滁州市定远县）、滁州站、南京南站、镇江南站、丹阳北站、常州北站、无锡东站、苏州北站、昆山南站

① 京沪高速铁路［EB/OL］. http://baike.baidu.com/view/62149.htm.

和上海虹桥站。其中，始发站 5 个，分别为北京南站、天津西站、济南西站、南京南站和上海虹桥站；19 个中间站包括 15 个地级市站和 4 个县级站。在这些站点中，北京南站和上海虹桥站是在原有车站基础上新增线路，其余车站为京沪高铁新建车站。

一、京沪高铁对经济的影响

京沪高铁沿线都是经济比较发达的区域，这段区域内的产业结构比较稳定，区域经济的稳定性和成熟性更加为数据的提取带来了重要的参考意义，在稳定地区有利于排除干扰因素，对于提取数据十分重要，这些是我们选取京沪高铁为例子的一个主要原因，即具有代表性，又真实可靠。王凤学（2012）认为，京沪高铁建成后对沿线经济发展的贡献中可量化计算的部分年均可达 226 亿元。此外还有增加就业机会、改善教育卫生状况以及带动相关产业发展和科技进步等方面的影响。

京沪高铁在 2011 年 6 月 30 日开通，当年日均客流量仅 13.2 万人次；2012 年、2013 年分别达到 17.8 万、23.0 万人次，增长十分显著。2019 年日均客流量达到 50 万人次，相较于 2011 年增长近 4 倍。由于受到世界经济大环境影响，虽然中国 GDP 增长率在 2007 年达到顶峰，但京沪高铁沿线城市在高铁开通后，GDP 都呈上升趋势，有的城市增长较为明显，如上海、北京、天津、苏州、无锡、南京等。2011 年京沪高铁开通后 3 年内 GDP 增长率：上海，分别为 8%、8%和 7%，北京，分别为 8%、8%和 9%；天津，分别为 16%、14%和 11%；苏州，分别为 12%、10%和 8%；无锡，分别为 12%、10%和 7%；南京，分别为 12%、12%和 11%。京沪高铁沿线城市 2007—2016 年 GDP 如表 7－1 所示。

表 7－1　2007—2016 年京沪高铁沿线城市 GDP　单位：亿元

城市	2007	2008	2009	2010	2011	2012	2013	2014	2015	2016	总计
上海	12 189	13 698	15 046	17 166	19 196	20 182	21 602	23 568	25 123	28 179	195 949
北京	9 353	10 488	12 153	14 114	16 252	17 879	19 501	21 331	23 015	25 669	169 754
天津	5 050	6 354	7 522	9 224	11 307	12 894	14 370	15 727	16 538	17 885	116 873

续表

城市	2007	2008	2009	2010	2011	2012	2013	2014	2015	2016	总计
苏州	5 701	6 701	7 740	9 229	10 717	12 012	13 016	13 761	14 504	15 475	108 856
无锡	3 859	4 420	4 992	5 793	6 880	7 568	8 070	8 205	8 518	9 210	67 515
南京	3 284	3 775	4 230	5 131	6 146	7 202	8 012	8 821	9 721	10 503	66 823
济南	2 563	3 017	3 351	3 911	4 406	4 804	5 230	5 771	6 100	6 536	45 689
常州	1 881	2 202	2 520	3 045	3 581	3 970	4 361	4 902	5 273	5 774	37 509
徐州	1 680	2 007	2 390	2 942	3 552	4 017	4 436	4 964	5 320	5 809	37 116
沧州	1 465	1 716	1 801	2 203	2 585	2 812	3 013	3 133	3 321	3 545	25 595
镇江	1 207	1 408	1 672	1 988	2 311	2 630	2 927	3 252	3 502	3 834	24 732
泰安	1 226	1 513	1 716	2 052	2 304	2 547	2 791	3 002	3 158	3 317	23 626
德州	1 181	1 401	1 476	1 658	1 951	2 231	2 461	2 596	2 751	2 933	20 638
廊坊	884	1 051	1 147	1 351	1 611	1 794	1 943	2 176	2 474	2 706	17 139
枣庄	926	1 093	1 196	1 362	1 562	1 703	1 831	1 980	2 031	2 143	15 825
滁州	436	520	576	696	850	971	1 086	1 214	1 306	1 423	9 078
宿州	424	511	541	651	802	915	1 014	1 141	1 236	1 352	8 586
蚌埠	410	486	532	637	780	890	1 008	1 151	1 253	1 386	8 533

由表 7－2 可以看出，京沪高铁沿线城市人均 GDP 自 2011 年高铁开通后 3 年内有明显的增长，部分城市人均 GDP 在 3 年内实现了翻倍。其中，苏州，分别为 10%、12%和 75%；无锡，分别为 17%、9%和 46%；上海，分别为 9%、3%和 77%；北京，分别为 8%、7%和 69%；南京，分别为 19%、16%和 41%。高铁的修建可加强沿线城市和地区间的经济联系，加速市场经济的发展、优化资源配置、发展规模经济、提高整体效率、改善投资环境、增大对外资的吸引力，使沿线相对落后的地区很快焕发出巨大的经济活力，促进当地经济的快速发展。在京沪高铁开通前，沿线山东的 4 个城市，除了济南市的人均 GDP 超过 50 000 元，其他 3 个城市人均 GDP 还不到 40 000 元，比起京沪高铁沿线的京津塘和长三角地区，鲁西南地区还属于需要快速发展的欠发达地区，而京沪高铁的建设正是给了这些城市一个腾飞的契机。从可达性角度来看，在京沪高铁开

通后各个城市可达性都有显著的提高，各个城市间的人口和资金流动非常频繁，经济合作机会大大增加。

表 7－2　　2007—2016 年京沪高铁沿线城市人均 GDP　　单位：元

城市	2007	2008	2009	2010	2011	2012	2013	2014	2015	2016	总计
苏州	91 911	106 863	122 565	93 043	102 129	114 029	199 017	129 925	136 702	145 556	1 241 740
无锡	83 923	95 460	107 365	92 166	107 437	117 357	170 978	126 389	130 938	141 258	1 173 271
上海	66 367	73 124	78 989	76 074	82 560	85 373	150 853	97 370	103 796	116 562	931 068
北京	58 204	63 029	70 452	75 943	81 658	87 475	148 181	99 995	106 497	118 198	909 632
南京	53 639	60 808	67 455	64 037	76 263	88 525	124 600	107 545	118 171	127 264	888 307
天津	46 122	55 473	62 574	72 994	85 213	93 173	143 129	105 231	107 960	115 053	886 922
常州	52 840	61 503	70 138	67 327	77 485	85 039	119 151	104 423	112 221	122 721	872 848
镇江	44 894	52 391	62 084	63 280	73 981	83 650	107 621	102 652	110 351	120 603	821 507
济南	42 424	45 724	50 376	57 966	64 311	69 444	85 321	82 052	85 919	90 999	674 536
泰安	22 617	27 794	31 375	37 390	41 850	41 850	49 923	53 853	56 490	59 027	422 169
枣庄	25 482	29 978	32 698	36 839	41 746	45 262	46 228	51 890	52 692	54 984	417 799
徐州	17 909	21 367	25 100	34 084	41 407	46 877	44 050	57 655	61 511	66 845	416 805
廊坊	21 917	25 757	27 904	31 844	36 773	40 598	46 046	48 407	54 460	58 972	392 678
德州	21 723	25 606	28 046	29 772	34 905	39 710	42 497	45 641	48 062	50 856	366 818
沧州	21 205	24 665	25 719	31 091	36 053	38 949	39 960	42 676	44 819	47 425	352 562
蚌埠	12 818	13 632	14 803	17 621	24 574	27 999	27 462	35 542	38 267	41 855	254 573
滁州	10 611	11 626	14 002	17 400	21 634	24 651	24 190	30 562	32 634	35 301	222 611
宿州	7 430	8 982	8 526	9 945	14 971	17 308	15 800	20 895	22 415	24 270	150 542

二、京沪高铁对客运、货运的影响

京沪高铁开通运营后，京沪方向既有线路与高铁列车每日总客运能力比原来多了 9.7 万人次，货运能力则大幅增加 62.5%。在京沪高铁开通后，既有的线路将每天增开 20 多对货运列车，年货运能力从 8 000 万吨增加到 1.3 亿吨，这对完善中国综合交通运输体系发挥了极大推动作用。而随着高铁初步形成网络化、规模化运营，高铁的经济效益将好于预期[①]。京沪高铁在缓解运输压力、提高市场资源流动性方面的巨大作用。高铁在运输市场中表现出强大的竞争力，其自身的运量得到飞跃式的增长。

三、京沪高铁对产业结构的影响

高铁对产业结构和经济增长的影响，其区域经济效益的增长是最好的证据。通过将 2010—2011 年京沪铁路在建设投入前与后期，在有与无的情况对比下，分析区域经济的增长变化，尤其是产业结构和增长上的变化是十分重要的，根据王凤学（2012）通过对“有”“无”的前后比对，经过京沪高铁运行一年多来的数据模型分析，得出相关结论。主要是在京沪高铁投入后北京和上海以及沿线经济发展的增长方面，即三大产业的增长。具体结果如表 7－3 所示。

表 7－3　　有无京沪高铁的区域经济三大产业增加值对比　　单位：亿元

京沪高铁	第一产业	第二产业	第三产业
2010 年（无）	9 442	61 339	89 235
2011 年（无）	11 323	65 434	89 253
2010 年（有）	10 092	65 149	95 235
2011 年（有）	12 263	68 536	97 249

资料来源：根据王凤学（2012）的研究内容整理所得。

2011 年在有无京沪高铁的影响下，京沪及沿线主要城市的第一、二、三产业增加值分别为 11 323 亿元、65 434 亿元、89 253 亿元和 12 263 亿元、68 536 亿元、97 249 亿元，三个产业结构分别为 1.29:35.39:63.32 和 1.40:36.11:62.49。其中，第二、三产业比重为 98.71%，98.60%。结果表明，京沪高铁的开通带动了沿线城市第一、二、三产业的发展和产值增加，带动了整个区域经济的提升，并且提高了第二、三产业在经济总量中的比重，增加了产业结构方面的升级调整。

① 中国火车网，https://www.huoche.net/show_176532/.

第三节　中泰高铁发展及政策建议

中泰高铁是泰国的第一条标准铁路，也是中国在东南亚修建的第一条标准轨铁路，它全盘采用了中国的技术、设计方案和机车设备。中泰铁路的修建分为两期，第一期工程（曼谷—呵叻）先行启动，之后再开展第二期（呵叻—廊开）的建设。正如时任泰国交通部长阿空于 2019 年 3 月在曼谷出席由中泰记者协会及新华社、中国经济信息社共同举办的论坛时所说，中泰高铁合作项目建成后，泰国人民的生活方式将会改变，沿线之处的酒店、租车、餐饮等相关行业都将随之发展，为沿线城市带来繁荣①。时任中国驻泰国大使吕健也在论坛上表示，中泰两国的互联互通，将有利于泰国吸引各国投资，并带动泰国农产品的出口，扩大泰国在东盟国家中的辐射作用。上述说明中泰双方就中泰高铁对泰国经济和社会发展的影响已达成共识。

对于泰方而言，中泰铁路建设不仅可以改进泰国滞后的铁路运输网络，完善基础设施，强化其交通枢纽地位，还有助于泰国借鉴中国高铁的先进技术和运营经验，培育本国铁路人才，以实现泰国铁路的高质量跨越式发展。铁路建设可以促进区域互联互通，改善投资环境，带动相关产业发展，拉动就业，从而带动整个国民经济的发展和区域影响力的提升。

对于中方而言，中泰铁路建设使得中国高铁也可以接受国际市场的检验，从而提高质量和竞争力，扩大国际影响。中国对外开展高铁合作项目，可以优化中国对外贸易结构和产业结构，助力经济可持续发展。中泰铁路是“一带一路”倡议下泛亚铁路网的重要组成部分，它的顺利通车能极大推动中国与东南亚国家的合作与发展，实现资源优势互补，推动中国—东盟自贸区的经贸发展，真正意义上迈入宽领域、深层次、高水平、全方位的发展新阶段。可以说，中泰铁路是一个前景广阔且惠及多边的项目。

鉴于此，笔者对于中泰高铁建设和运营的政策建议如下：

---

① 新华网，http://www.xinhuanet.com/2019-03/21/c_1124261216.htm.

第一，泰国应提高高铁沿线城市品牌意识，依托高铁建设积极树立旅游、农业、工业特色城市名片，以增加高铁沿线城市的自身吸引力。中泰铁路全线建成后将形成从中国昆明直达泰国曼谷的快速通道，把东南亚铁路网与中国乃至整个欧亚大陆的铁路网连接起来，不仅方便沿线城市民众的出行和相互往来，也有利于促进沿线城市的市场开放整合和生产要素的优化组合，带动生产、贸易、物流、旅游业的发展，为沿线国家经济发展注入新活力。因此，泰国高铁沿线城市，如呵叻、廊开等，应积极围绕城市特色，打造属于自身的城市名片，以加强对外来旅游和投资人口的吸引力。

第二，泰国高铁规划应具备前瞻性，高铁对沿线城市发展的促进作用不会立竿见影，但高铁相关配套前瞻性规划会对沿线城市的中长期发展起到积极的推动作用。在编制铁路站场及沿线城市的规划和城市设计时，要注重完善沿线城市的功能，统筹地上地下空间的开发利用，合理安排绿地等开敞空间，并同步组织开展详细修建规划或城市设计工作。通过规划引导，在铁路站场及其周边土地实施包括铁路、长途客运、公交、轻轨地铁、商服、办公、居住、绿化等在内的多用途、多功能、一体化的高密度土地综合开发，形成用地布局协调、集约高效、交通设施无缝对接、地上地下空间充分开发的土地利用新格局。有条件的可规划建设依托铁路的旅游集散中心、物流园区、装备制造基地并配套综合服务项目，促进产业孵化，推动产城融合，打造区域新的经济增长点。

第三，泰国高铁沿线城市应加强知识和信息的流通，尤其沿线中小城市应与曼谷等核心大城市建立双向沟通机制，加强人才和资源的流动。高铁在实现城乡人口的流动、卫星城与中心城市的合理布局，以及发挥中心城市对周边城市的辐射带动作用等方面都有十分重要的意义。通过铁路的建设与发展，区域内部和区域之间的联系程度不断加深，城市间、城乡间的时空距离大大缩短，对于短距离经济圈的形成有良好的促进作用，从而降低区域发展的成本，提升区域间交流的效率，进而加快人流、物流、资金流和信息流等生产要素的充分流动，使沿线区域经济得到迅速增长。中泰铁路第一期工程和第二期工程的建设，将会强化泰国东北部城市与曼谷的联系，从而使得集聚在曼谷的农业、工业、旅游业人才可以到东北部城市发展，有利于人才和资源的流动，带动泰国相对不发达的东北部发展。

第四，泰国可以依托高铁构建现代产业体系。根据泰国政府的规划，东部经济走廊有望成为东盟海上交通中心，连接缅甸土瓦深水港、柬埔寨西哈努克港和越南头顿港。因此，泰国东部经济走廊建设可以依托泰国高铁进行规划建设，构建功能定位清晰、发展特色突出、与资源环境承载能力匹配的产业空间格局，推进产业集聚高效发展。同时，强化铁路经济功能，依托高铁通道作用和乘数效应，促进投资增长、市场拓展和技术扩散，提升承接产业转移的能力，推动产业转型升级，促进新兴产业联动发展。此外，应当顺应产业变革形势，依托高铁建设和创新发展，打破既有产业边界，促进交通运输与制造业、农业、旅游业、商贸流通业等其他关联产业和新兴产业融合发展，加快构建富有竞争力的现代产业体系。泰国铁路建设应当充分借鉴中国的经验，通过铁路建设布局优化产业环境，为形成新的产业竞争优势提供现实基础，叠加高速铁路与高速公路的产业带动效应，给泰国产业的发展带来良好的推动作用。

第八章　高铁建设对人口流动的影响

第一节　理论基础

一、人口流动概念界定

根据联合国《多种语言人口学辞典》，人口流动（或人口迁移）指人口在不同地区间的地理或空间流动，这种流动通常会涉及永久性居住地由迁出地到迁入地的变化。这种迁移被称为永久性迁移，它不同于其他形式的、不涉及永久性居住地变化的人口移动。从构成要素来看，涉及主体为流动人口（迁移人口），客体为迁出地和迁入地。人口流动理论主要研究流动人口由迁出地到迁入地发生永久性变化的现象及原因。由于中国存在独特的户籍制度，因此中国人口流动的界定通常以户籍所在地为依据。根据中国流动人口相关的工作条例，流动人口指离开户籍所在地的县、市或者市辖区，以工作、生活为目的异地居住的成年育龄人员。通常居住地与户籍所在地存在差异达半年及以上的相关人口被称为流动人口。

当前对人口流动的研究理论众多，其中包括“推力—拉力”理论、二元经济理论、人力资本理论等。不同的理论侧重点各有不同，如“推力—拉力”理论强调客体的主导作用，即迁出地的劣势与迁入地的优势分别为流动人口提供推力和拉力，从而实现人口流动的变动全过程；二元经济理论侧重于将客体划分为经济学意义上的部门，即空间意义上的迁出地和迁入地分别代表不同的经济部门，流动人口实现跨经济部门的人口流动；人力资本理论则侧重对主体的研究，根据流动人口的特征对其进行分类，从而通过流动人口的不同动机进行人口流动的探究。

二、“推力—拉力”理论

“推力—拉力”理论指人口流动是由基于迁出地劣势形成的推力及基于迁入地优势形成的拉力共同使流动人口向迁入地迁移，该理论是人口流动理论中讨论最为广泛的理论。英国学者 Ravenstein 的《人口迁移规律》为“推力—拉力”理论奠定了基础，Ravenstein 指出经济因素是吸引人口迁移最重要的因素，人口流动的路径是由农村向城镇迁移。Heberle（1938）等学者具体阐释了迁出及迁入地“推力”及“拉力”的影响因素。迁出地就业机会匮乏、外部环境落后以及流动人口的个人因素均为流动人口提供迁出的动机；迁入地就业机会充分、外部环境优越、风俗文化鲜明等因素为流动人口提供迁入的动机。流动人口会对迁移的收益与成本进行权衡，若人口迁移的收益大于成本，二者的相互作用最终导致人口流动的产生。

从实证分析来看，“推力—拉力”理论具有显著的解释力度。因时间及空间的差异，“推力”及“拉力”的强度也存在差异。根据美国学者 Jenkins（1977）对墨西哥移民的研究，墨西哥对流动人口的推力大于美国对流动人口的拉力。“推力”及“拉力”均对人口流动产生作用，二者相互作用，缺一不可。目前，许多因素已被纳入“推力—拉力”理论的模型范畴，除传统的与迁入地及迁出地有关的因素、流动人口个人因素等影响因素外，不同地区特定的异质性差异也被考虑在内。李强（2003）指出，中国的户籍制度使得传统的推拉作用失效，因此流动人口进一步被细化为外出打工者和准备定居者。由于户籍制度，前者对许多推拉因素不予理睬，后者则对推拉因素较为重视。另外，户籍制度可以理解为人口流动的时间要素，根据中国户籍制度下人口流动的定义，“外出打工者”流动的时间跨度相对较短，这隐含着人口流动的时间跨度对流动质量存在一定的影响。

受 Ravenstein 影响，美国学者 Zipf（1946）及 Stewart（1948）提出引力模型（Gravity Model），引力模式是对“推力—拉力”模型的重要延伸。Zipf 指出，两城市的人口规模及迁移距离所构成的空间相互作用水平对城市人口迁移有重要作用。随后，中外学者不断对引力模型进行扩展和延伸，使得“推力—拉力”理论的模型更加丰富和完备。截至目前，“推力—拉力”模型在人口流动理论中的应用仍最为流行和广泛。

三、二元经济理论

Lewis（1954）提出，发展中国家存在两种并存的经济体系，即自给自足的农业经济体系及城市现代化工业体系，二者共同构成了“二元经济结构”。这两种体系可以看作两种开放式的部门，由于部门间存在差异，城市现代化工业部门具有更具竞争力的就业机会和薪酬体系、更完备的制度体系和更发达的教育水平，这意味着流动人口可以在该部门获得更优越的福利水平，从而促成了人口由农业经济部门向城市现代化工业部门流动的过程。微观经济学是二元经济理论的理论基础。在 Lewis 之后，Ranis 和 Fei（1961）等人也对人口流动的二元经济理论做出进一步阐释，分别从分工组织、工资制度等角度完善理论。

二元经济理论与“推力—拉力”理论存在相似之处。例如，二者都认为，在实际应用中，人口流动主要体现为流动人口由农村向城市进行流动；由于二者对人口流动机制的出发点都是空间客体，即迁出地和迁入地，因此二者对人口流动影响因素的剖析也更多地关注迁出地及迁出地自在或衍生的属性及优劣。二元经济理论在中国较为流行，相较“推力—拉力”理论，该理论直接将迁入地及迁出地指向农村及城市，为中国人口流动背景下的乡村振兴战略相关研究提供了理论视角。

四、人力资本理论

除空间客体，流动人口主体的异质性也是人口流动的重要形成因素之一。人力资本理论从劳动力市场的视角出发，分析人口流动产生的原因及影响。类似二元经济理论中对发展中国家的部门分类，Doeringer 和 Piore（1971）等人提出对劳动力市场进行划分。在发达国家中，存在高端人才市场和低端劳动力市场，前者更侧重于知识、技术要素的流通；后者更强调劳动力数量的流通，二者分别对应不同的劳动力市场和职工福利水平。不同劳动力市场流动性的异质性使不同空间需要通过人口流动实现各自的均衡。通常，对于劳动力而言，本地就业市场更偏好本地高端人才，而本地人口通常不乐意接受低端劳动力工作，由此产生了异地劳动力迁移。

蒲艳萍和吴永球（2005）进一步从经济增长和产业结构转型等角度分析劳动力市场，构建了二元经济理论与人力资本视角相结合的劳动力转移模型，指出产业分布结构和产业收入差异决定了城乡收入差异，而劳动力的转移（即人口流动）将缩小这一差异。即将二元经济理论的空间属性与人力资本理论的流动人口要素通过经济结构这一中间变量有机结合。此外，年龄、家族传统等因素对劳动力的迁移动机也有重要的影响。

第二节　高铁建设对人口流动的作用机制

高铁建设对人口流动的作用机制有三种类型，具体如图 8-1 所示。

一、供给需求角度的总体流动效应

从“推力—拉力”理论来看，高铁通过提高潜在迁入地与潜在迁出地的通达性、降低异地空间障碍，降低了人口流动的成本；根据引力模型，由于

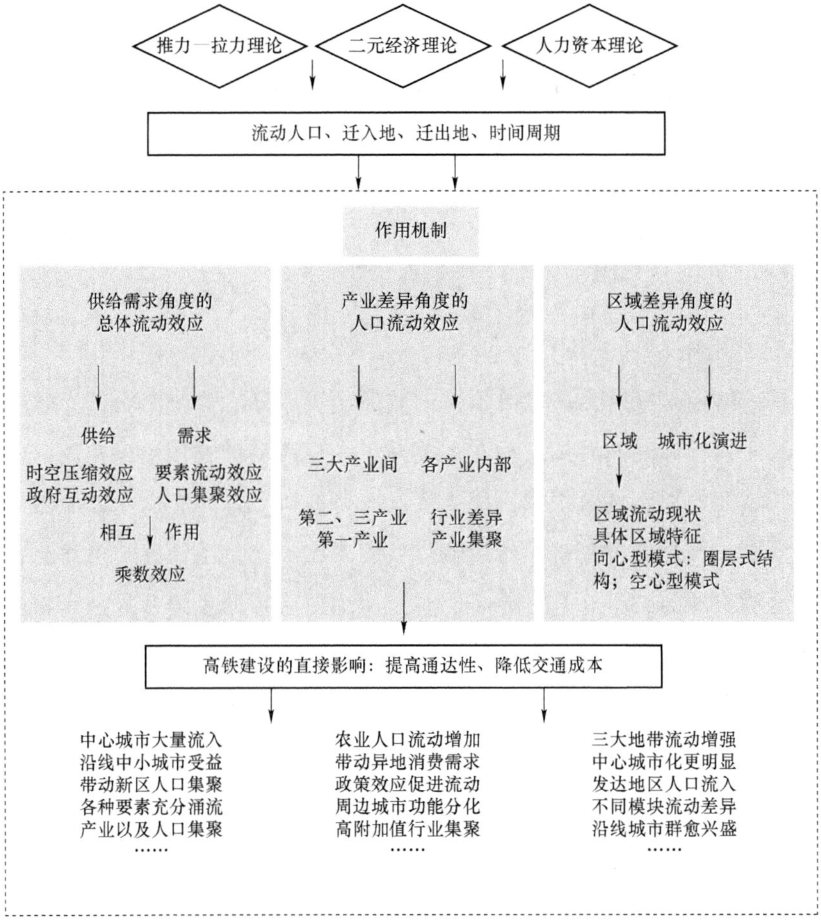

图 8-1　高铁对人口流动的作用机制

高铁的便捷性，“迁移距离”这一因素的重要程度下降了。这些因素都会导致流动人口由迁出地转入高铁沿线城市，同时，高铁建设带来的较强的规模经济以及相应的消费集聚效应、产业集聚效应最终会使得人口流动现象产生乘数效应。高铁的建设对影响流动人口产生迁移的因素进行内生重塑，又或者对迁出地或迁入地的某些特性产生外生影响，从而导致人口流动现象产生，这可以看作由供给和需求发生变化产生的总体流动效应。另外，集聚效应的产生依赖人力资本理论提供的劳动力市场分层视角，在高铁建设的过程中，往往会加促劳动力市场的分层。

（一）供给角度的人口流动效应

从供给角度来看，一方面，高铁建设带来的跨区域通达性将扩大劳动力供给的空间范畴，员工的通勤距离更具弹性，从而使得区域劳动力参与率提高；另一方面，从外生影响来看，高铁建设最终将对迁入地区域进行重塑，高铁作为区域基础设施的重要环节，本身将与更多公共设施产生协同，从而逐步改善迁入地的便利性和舒适性。外生效应产生的福利最终使得更多人口向高铁沿线城市迁移。

1. 时空压缩效应

从具体路径来看，上述供给角度的效应一可以称为“时空压缩”效应。即高铁通过压缩城际时间距离，相对地缩减了人口流动的物理迁移距离，从而改善不同区域间的通达性。根据王缉宪（2011）的研究，时空压缩效应主要体现在两个层面：一是大型高铁城市的隧道效应。比如北京至天津、上海至南京等高铁往返频次高的城市，具有显著的时空压缩效应。通过降低大型高铁城市之间的通勤成本，劳动力供给市场的流动性大大提升。二是高铁沿线的中小城市与大型城市之间相对可达性的提高。对于大型城市和中小城市来说，高铁具有替代性，如民航等其他类型的交通方式。但由于并非所有中小城市都有机场，则受益于高铁的沿线中小城市相较那些不具备高铁条件的中小城市具有更好的相对可达性。即高铁对大型城市与中小城市的连接作用也有利于人口流动。

2. 政府互动效应

上述供给角度的效应二可以称为高铁建设与城市发展的互动效应。即各地政府对高铁建设在城市发展中的作用存在不同的看法，使得高铁建设的外生效应对人口流动产生不同路径的影响。通常，政府会考虑高铁建设的经济成本和其他的社会正外部性。有些政府只考虑高铁建设的经济回报，在这种以市场为导向的互动模式下，政府通常以高回报率的大型城市作为出发点来修建高铁，随着流动人口逐渐向中心城市迁移后，形成中心城市化。当再建新线路能够实现回报时，政府会计划修建新线路，使得流动人口进一步迁移。有些政府兼顾其他社会正外部性，因此其互动模式主要体现为高铁先行，以高铁建设带动新区发展。在这种机制下，流动人口看重迁入地未来的机遇和隐性福利，随着高铁线路形成人口流动和新的人口集聚。但此种模式所引起的人口流动并不稳定，因为影响新区发展的因素众多，高铁建设只是引领性的因素之一，并不起到决定性作用。

（二）需求角度的人口流动效应

从需求方面看，内生重塑及外生影响同样存在。和供给角度类似，高铁建设带来的高通达性可以显著降低消费者的出行成本以及生产者或中间商的运输成本，这使得消费者的消费需求或生产者的交易需求得以被更有效率地配置，从而实现了需求层面的时空压缩效应。此外，从企业或消费者内部来看，时空范围的扩大及中间成本的降低使得自身的闲暇或产能进一步配置到高铁沿线区域，这使得其需求被更有效果地配置。在前两种效应的基础上，滚雪球效应使得高铁沿线区域的需求进一步提高，区域内人口集聚和人口流动得以更为频繁地开展。在第三种效应的基础上，高铁建设导致的区域繁荣带来新一轮迁移及投资需求的激增，从而形成具有正外部性的闭环。在这一闭环当中，供给与需求同时发生作用。

上述路径实现的核心在于需求的集聚。根据佩鲁（1955）的增长极理论，由于区域发展具有不平衡的特点，因此生产要素总是先流入部分综合条件较好的地区，进而带动周边经济进一步发展。这与供给视角下的中心城市论如出一辙。但不同于供给视角，从需求视角来看，如劳动力、资本等要素具有不同程度的主观能动性和逐利性。因此具体的实现路径更为动态。

1. 要素流动

高铁建设带来的缺口及机遇首先带动要素流动。一方面，高铁的时空压缩效应增强了劳动力要素的流动，即上述路径提到的前两种效应；另一方面，通过拉动需求，高铁在一定程度上促进资本要素的流动。各企业通过更多的城际交易机会和需求更为普遍的外部市场，实现了更高的收益率，从而扩大了企业的市场范围。随着企业市场范围的扩大和物理边界的延展，伴随资本要素的流动，技术、信息等要素得以更无障碍地分享。因此基于需求的区域协同逐渐增强。

2. 基于要素流动的集聚效应

在要素流动的基础上，不同区域、产业以及劳动力均增强了协同效应。在协同效应与高铁对各区域的连接作用共同形成的乘数效应下，区域间的分工及合作进一步增强，从而使得产业及劳动力产生集聚效应。进一步地，基于产业及劳动力的重新配置，带有永久性质的人口流动得以形成。

需要注意的是，上述路径产生的集聚往往带有一定的不平衡性，这是因为区域、产业及劳动力的分工本身存在区域生态、产业链或价值链上的不平衡。在集聚效应下，佩鲁的增长极理论可以被验证。即在要素流动和集聚效应的基础上，高铁建设最终会通过协作与分工产生天然的区域不平衡。在高铁沿线城市当中，劳动密集型产业与高新技术产业的划分将更清晰。低端劳动力市场和高端人才市场的分层将更明显。具体而言，由于天然具备更丰富的就业机会、更优越的文化条件和更高的福利水平，以及在乘数效应的加持下，大型城市逐渐会更吸引高端人才的青睐。为了放大高新技术产业的优势，大型城市逐渐将自身的劳动密集型市场向高铁沿线的中小城市转移。相应地，中小城市相对温和的竞争环境和逐渐提高的就业质量也为自身发展迎来了新的机遇。通过高铁建设，大型城市和中小城市均能够发挥自身优势，实现人口的分层流动。但在这一环节中，如何使得不平衡的区域发展实现均衡则显得更加重要。

二、产业差异角度的人口流动效应

根据二元经济理论，高铁的建设对人口跨部门流动及部门内部流动的均衡起到重塑作用，若高铁更多在城市现代化工业部门内部建设，则城市部门内部的流动性将有所提高；若高铁更多起到城市现代化工业部门与传统农业经济部门之间的连接作用，则跨部门的人口流动将更加容易。高铁的建设改变了不同部门间人口流动的强度。而从行业内部视角来看，高铁建设对现代化工业部门及传统农业经济部门内部的重塑也具有特定差异。

（一）三大产业间的人口流动

对于多数发展中国家，三大产业的空间分布特点和不同产业间的收入差异是较为重要的议题。当前三大产业的空间分布特点为：第一产业（即农业）通常分布在农村地区，第二、三产业通常分布在城镇地区。这就导致在产业层面，当前多数发展中国家的人口流动现状是第二、三产业之间的人口流动较为自由，而农业人口向第二、三产业空间流动则受到空间位置、经济因素、信息不对称等因素的限制。人力资本差异、劳动力转移成本等均是人口跨产业流动的重要影响因素。蒲艳萍和吴永球（2005）根据实证结果提出产业间发展速度差异、劳动力转移成本等因素决定了产业间的劳动力转移规模，而劳动力的转移会缩小产业间的劳动收入差异。因此，三大产业间的人口流动，特别是农业人口向第二、三产业的流动尤为值得关注。

人口由第一产业向第二产业的迁移存在显著的“拉力”动因。如迁入地（城镇）具备更高的收入水平、异质性的风俗习惯及更好的发展机会。同时，迁出地（农村）收入水平相对较低、对当前从事职业不满意等因素构成了迁出地的“推力”。这表明农业人口确实有向第二、三产业迁移的动机。李强（2003）对四川省 15 个区县农民工进行实证调查，从农民工流出的实际情况来看，出省流动的比例为 66.4%，县内流动的比例为 26.6%，省内县外的流动比例为 7.0%。即在高铁建设尚不健全的阶段，跨省流动的比例较高。根据作者的看法，四川省各区县农民工多向东部发达地区流动。而李静（2019）使用倾向得分匹配双重差分法进行研究后得出结论，即在高铁建设的作用下，相较于发达地区的中心城市，欠发达地区的中心城市逐渐发挥集聚优势，逐渐对人口流动产生吸引力。这在一定程度上意味着高铁可能有助于欠发达地区内部的产业间人口流动。即高铁建设使得省内第一产业人口向省内第二、三产业转移的趋势可能进一步加强，这有利于跨产业人口迁移的持续健康发展。

（二）基于行业集聚的人口流动效应

除第一产业人口与第二、三产业人口间的流动，高铁建设对第二、三产业内部人口流动的影响更为直接。即高铁的建设对不同行业的重新集聚会带来产业内人口流动。

1. 通达性与消费品

张文新等（2012）提出城际通达性与不同消费类型存在不同的关系。通常，二者存在负相关关系，即城际通达性对应的城际通达时间越小，某些品类的异地消费品需求更高。根据作者对长三角区域的实证研究，文化娱乐消费及珠宝首饰在所有消费类型中与城际通达性的相关性最高。即从消费者需求的角度来说，高铁等交通网络的构建有利于跨区域文化娱乐及高端消费品相关行业的发展。母婴用品、手机数码、家电及食品等大众消费品与城际通达性的相关性相对较低，即高铁的开通本身对大众消费品的影响并不显著。

进一步拓展来看，许多带有本地属性的行业并不能通过高铁建设进一步得到发展，核心原因在于这些行业带有明显地本地场景。本地消费者不能或没有必要对相关行业的产品或服务进行异地消费。对于迁出地来说，带有本地属性的基础消费品是本地消费行业的护城河；相反，那些带有异地壁垒属性的行业得以在高铁提高异地通达性的基础上通过售卖异质性资源获得超额利润。高铁建设对拥有异地壁垒资源的消费行业具有明显的放大作用，相应地，具备异质性的高铁沿线城市（往往是中心城市或特色城市）往往可以在高铁提高异地通达性的基础上放大自身优势。如长三角地区，可以通过相应优势提高相应行业的国际知名度和影响力。因此，高铁建设有利于相关行业及行业人口的重新配置与集聚。

2. 产业集群的集聚

由于通达性与行业存在相关性，高铁建设对行业间人口流动的影响还在于产业集群的集聚效应。高铁的压缩时空效应及“连接”属性使得沿途城市间的资源协同更加紧密。在特定区域内部，上文所说“本地属性”的行业及“异质性资源”行业在高铁对行业格局的重塑过程中起主导作用；而对于不同区域与区域之间来说，区域内部的资源共享有利于放大该区域的整体资源优势，从而对跨区域的人口流动产生更为深刻的影响。

由于高铁建设本身带有一定的政策引导性，往往相应的产业集聚及人口流动更显著。具体的路径包括产业集群的发展与产业集群整合。从产业集群的发展来看，苏文俊等（2009）指出，京沪铁路的开通会使得大量人才到鲁西南投资置业。相对京沪地区而言，曲阜市等地存在跨区域的异质性资源，旅游、文化产业等第三产业更具区域特色。此外，高铁强化了区域资源的整合。在一定地理空间内，高铁沿线城市往往具有相似性和各自的核心异质性。把握各沿线城市内部的核心优势，有利于提高一定区域内沿线城市的互补性。通过一定区域的产业集群整合实现区域内部的人口流动，沿线城市集聚了特色人才，沿线城市的周边城市也将进一步实现功能分化和人口流动。

落实到具体产业而言，除高端消费品和旅游及文化产业，Brotchie（1991）

提到，高铁建设对知识型产业的影响也较大。高铁的开通有利于促进大型中心城市的知识产业发展。董艳梅等（2016）的实证结果表明，批发零售业、住宿餐饮业等消费性服务业及信息传输计算机服务业和软件业等生产性服务业中的高附加值行业受高铁建设影响较大。

三、区域差异角度的人口流动效应

除作为交通运输方式，高铁的建设往往具有更为浓厚的政策意义，如肩负振兴特定区域发展、促进区域协调发展或推动区域一体化发展等任务。作为承担迁出地及迁入地任务的空间客体，区域间的差异对人口流动的作用尤为明显。高铁通过提高跨区域的可达性及降低中间流动成本对人口流动产生的影响，最终也表现为各区域的差异。

（一）高铁建设与区域间相互作用

总体来看，高铁建设有利于城市间的对外联系。王姣娥等（2014）提出，从三大地带来看，相较无高铁时期，2012 年及 2020 年（预测）的城市对外联系呈不断上升趋势，但空间差异比率呈缩小趋势。表明高铁建设对西部地区和中部地区对外联系的正效应明显。但城市对外联系的主体体现在三大城市群，即长三角、珠江三角洲（简称珠三角）及京津冀地区，这表明高铁建设对于中心城市的加成作用仍最为明显。区域发展是人口流动的体现，三大地带及三大城市群对外联系强度的扩大在一定程度上说明，虽然整体上高铁建设有利于各地带的人口流动，但人口流动的核心迁入地仍为三大城市群，人口流动的中心城市化趋势进一步体现。

人口向中心城市流入会带动“交通廊道”及沿线中小城市的发展。一方面，由于人口的重新集聚及城市功能的分工，中心城市的部分产能将流向中小城市，导致人口向中小城市的进一步流动；另一方面，高铁网络的快速扩张和集聚效应将使原来的中小城市进一步演化为大中型城市。

从区域空间格局来看，高铁线路带动了“城市对”的出现。从实证数据来看，高铁建设对中国东部—东部城市对间的经济联系强度有显著增强作用。而从比率来看，东部—中部城市对间的经济联系强度则更高。一方面，高铁建设使得“强强联合”更为频繁，经济发达地区的流动人口更倾向于向其他经济发达的地区流入；另一方面，高铁建设有利于打开不同地带的交流限制。但这一过程是渐进的，即在迁出地及迁入地存在推力、拉力，以及流动人口更倾向于向收入水平更高、福利待遇更好的地区流入的基础上，高铁建设首先使得发达地区之间的人口流动更为频繁，随后次发达地区人口向发达地区流入的趋势明显（反之，存在相对少量的因分工合作、政策因素、个体差异及风俗文化等而产生的反向迁移的现象）。但从实证数据来看，欠发达地区（西部）与次发达地区（中部）之间城市对的联系强度不如欠发达地区与发达地区（东部）之间城市对的联系强度。这主要有两个原因：首先，出于经济效益考虑，欠发达地区与次发达地区之间的高铁线路较少；其次，欠发达地区的流动人口往往存在“一步到位”的动机。

（二）高铁建设下的具体区域特征

由于各区域之间往往存在差异，且高铁建设自身也存在差异，因此不同区域的高铁建设往往对区域的塑造作用不同，不同区域在高铁建设下的空间格局也存在差异。从总体来看，中国高铁整体具有模块化特点。根据陆军等（2013）的研究，各区域空间结构的基本模式可以划分为向心型模式、圈层式结构及空心型模式。对各区域呈现的不同模式，应分别看待。

1. 向心型模式

由于上海及广州在各自区域的经济地位，以上海和广州为核心的高铁经济区域存在明显的向心化趋势。围绕各自中心城市，其高铁建设呈现出特定范围内城市群半径“同城化”的趋势。向心型模式的成因主要为中心城市具有极强的经济吸引力，同时在该区域中，主要城市群具备高度认同的文化归属或文化依附。从“推力—拉力”理论来看，由于中心城市具备极强的拉力，因此人口向中心城市流入。但另一方面，以上海为核心的长三角经济带及以广州为核心的珠三角经济带整体经济均较为发达，因此“推力”作用不明显，主要城市（如宁波、杭州、南京、深圳、厦门）仍具备一定吸引力，即向心型模式并不代表流动人口向中心城市的绝对流入，往往流动人口的相互作用较为频繁。因此，向心型模式适用于区域一体化建设。

2. 圈层式结构

以北京和武汉为核心的两大高铁经济区域为圈层式结构。不同于向心型模式，尽管中心城市有较强的经济及政治地位，但主要城市群并不具备高度认同的文化依附。相反，由于政治需求和城市功能的区分，往往此种区域高铁建设的核心逻辑在于主要城市的多模块化。如北京高铁经济区域中覆盖哈尔滨、长春、沈阳等主要东北城市及太原、石家庄、济南等核心中部城市，因此圈层式结构往往采用一区多组团的模式。在圈层式结构下，存在一个明显的中心城市，流动人口向中心城市流动的趋势也较为明显。但在该区域内部又存在多个相互流动、相对闭环的小区域模块。如黑龙江、吉林、辽宁三省人口存在向北京这一中心城市流动的现象，三者相互流动的现象也较为普遍，但黑龙江、吉林、辽宁与中部省份之间的人口流动频次相对较低。

3. 空心型模式

以重庆为核心的西部地区主要表现为空心型模式。受制于经济发展条件和地理区位，该地区尚未形成极具影响力的核心城市群。在人口相对稀疏、核心城市相对分散的条件下，高铁建设以距离相对较远的核心城市为各中心。在中部，成都及重庆的辐射作用相对较强，但南部贵阳及北部兰州对中小城市的辐射能力相对较弱，导致该地区的人口流动频次相对较低。在短期内，空心型模式区域应构建多个核心，多元发展。

（三）高铁建设与城市化

根据城市发展的一般规律，城市化进程一般按照城市化、郊区城市化、逆城市化和再城市化的演进顺序。根据实证结果，高铁对城市化的影响主要为：首先，人口向高铁沿线城市集聚的效应；其次，高铁沿线或高铁区域的城市群逐渐兴盛。后者的形成原因主要为，高铁建设首先带动流动人口向中心城市集聚，随后类似于郊区城市化，流动人口逐渐向周边中小城市扩散，最终周边中小城市借助高铁对供需两方面的效应，通过承担专有性功能或逐渐通过特色产业扩大自身的经济规模，与中心城市共同形成城市群。

但从具体的案例来看，中心城市和其他主要城市具有复杂的交互机制。若中心城市与其他大型城市具有不对等的经济规模或政治地位，各主要城市之间往往并不具备很强的流动性。从吴康等（2013）对京津高铁的研究来看，北京市与天津市之间的流动性较弱。尽管城际交流较为普遍，但呈现出工作、居住、休闲三种基本活动均不跨城的态势。高铁往往承担商务活动及休闲娱乐的作用，京津高铁对居住处所及工作空间的迁移改变有限。

第三节　高铁建设对人口流动影响的实证研究

一、当前主要研究方法的选取

由于当前研究高铁建设对人口流动影响的主流领域存在差异，地理学与经济学的实证研究方法也存在差异。通常地理学侧重于研究空间布局形态，因此其主流方法均基于地理信息系统（GIS），采用探索性空间数据分析（ESDA）等方法突出可视化的特点。经济学领域则以经济统计数据为核心，采用相关领域既有经济模型（如二元经济理论下的托达罗模型等）或直接通过既有数据进行定量研究。

从经济学实证方法来看，董艳梅和朱英明（2016）及李静（2019）均采用倾向得分匹配双重差分法进行研究。双重差分法可以处理面板数据的时间固定效应及高铁建设的“政策处理效应”（引入政策差异的虚拟变量处理以及引入相应交互性），从而减少遗漏变量偏差，更有效地探究政策效果的显著性。倾向得分匹配法通过构建回归模型计算倾向得分值，进而构建更严格的匹配组，解决双重差分法存在的样本选择偏差问题。倾向得分匹配双重差分法兼顾双重差分法和倾向得分匹配法，解决了两种方法各自可能存在的内生性问题。

二、高铁建设对人口流动影响的实证检验

本节以中国高铁为例，考察其对人口流动的影响。

（一）变量说明

被解释变量是人口流动，数据以 Wind 资讯数据库中的常住人口数据为基础，用常住人口与户籍人口的差额占常住人口的比重衡量流动人口的变动。主要的解释变量包括高铁建设的时间虚拟变量、高铁建设的个体虚拟变量和交互项 *did* 估计量。其中，交互项度量了高铁建设对实验组和对照组的人口流动影响差异，时间虚拟变量度量了高铁建设对实验组和对照组人口流动的差异，个体虚拟变量度量了高铁城市和非高铁城市人口流动的差异。

此外，控制变量首先选取了经济发展水平（地区 GDP 的对数）和工资水平，二者共同刻画城市经济水平对流动人口的吸引能力。其次，城市人口密度对人口流动有较重要的影响，人口密度（每平方米人口数）过大，可能形成外生推力，人口密度适当更有利于集聚效应的产生。此外，前文反复提到福利水平是影响人口流动的重要因素，因此用财政支出占 GDP 的比重衡量公共支出，用以说明城市的公共服务质量。该研究还引入了外商投资、产业结构以及金融危机等变量控制对人口流动的影响，从而更好地表现出城市及区域高铁建设自身对人口流动的影响。最后，考虑到当今交通运输方式的多样性，本研究将航空运输作为控制变量来减小其他外部因素的遗漏。

（二）样本选择

该研究时间节点的确定参考借鉴《中长期铁路网规划》及董艳梅和朱英明（2016）对高铁发展阶段的划分。确定了传统铁路服务阶段（2008 年 8 月之前）、早期高铁建设阶段（2009—2010 年）、高铁降速阶段（2011—2012 年）及新的高铁线服务阶段（2012 年以后）4 个阶段。最终将 2007—2010 年作为高铁建设前期，2011—2016 年作为高铁建设后期。

样本方面，由于部分城市统计数据缺失或存在异常值，最终选择了 198 个地级及以上的城市作为最终样本，以 2000 年为基期，运用 GDP 平减指数对相关变量进行调整。最终得到 198 个地级及以上城市的平衡面板数据，并将全部样本城市划分为实验组和对照组。数据来源为国泰安数据库、Wind 资讯数据库、中经网统计数据库以及历年《民航机场生产统计公告》。

三、基于实证研究的总体结论

基于表 8-1 的数据，总体来看，高铁建设使高铁沿线城市对流动人口产生显著的吸引作用，使得高铁沿线城市更易于成为人口流动的迁入地。但如在此前作用机制中的逻辑推断类似，高铁建设对人口流动的影响存在异质性，异质性主要体现在区域及城市视角。

表 8-1　　　　高铁建设对人口流动的影响

变量	人口流动		大中小城市			东部	中部	西部
	模型 1	模型 2	模型 3	模型 4	模型 5	模型 6	模型 7	模型 8
did	2.429*** (0.502)	1.407*** (0.469)	2.513*** (0.930)	-0.195 (1.017)	-1.741** (0.782)	0.982** (0.483)	2.818*** (1.058)	-1.698 (2.427)
time	-1.480*** (0.223)	-0.157 (0.390)	-0.286 (1.063)	-0.078 (0.575)	-0.071 (0.564)	0.517 (0.411)	-2.029** (0.859)	1.198 (1.566)
经济水平		8.078*** (1.304)	3.013 (3.817)	8.354*** (1.850)	10.299*** (2.012)	0.909 (1.577)	17.345*** (2.491)	7.869 (5.832)
人均收入		-5.019*** (1.236)	-0.202 (3.923)	-7.476*** (2.027)	-6.088*** (1.615)	-0.972 (1.505)	-8.365*** (2.237)	-4.965 (6.306)
人口密度		0.721 (0.528)	-1.078 (1.716)	2.145*** (0.707)	0.190 (0.777)	1.197** (0.470)	-4.154** (1.946)	-16.124** (6.589)
公共支出		-0.286*** (0.057)	-0.096 (0.233)	-0.053 (0.094)	-0.272*** (0.073)	-0.452*** (0.063)	0.000 (0.139)	-0.127 (0.148)
第二产业占比		-0.907 (0.080)	-0.621 (0.594)	0.887*** (0.132)	-0.842*** (0.102)	-0.653*** (0.090)	-1.282*** (0.158)	-1.053** (0.421)
第三产业占比		-0.790 (0.092)	-0.531 (0.596)	-0.944*** (0.146)	-0.686*** (0.120)	-0.425*** (0.105)	-1.362*** (0.181)	-0.983** (0.425)
外商投资		-0.489** (0.197)	-0.010 (0.437)	-0.434 (0.303)	-1.273*** (0.326)	-0.552** (0.239)	-0.500 (0.403)	-0.059 (0.644)
航空运输		0.260 (0.586)	-0.328 (1.627)	-0.549 (0.736)	1.707* (0.999)	1.003 (0.629)	-0.212 (1.257)	-6.926*** (2.321)
金融危机		0.320 (0.336)	1.479* (0.809)	0.916* (0.499)	-0.753 (0.500)	0.724** (0.349)	-0.873 (0.786)	0.033 (1.318)
个体固定效应	控制	控制	控制	控制	控制	控制	控制	控制
R^2	0.037	0.200	0.182	0.225	0.316	0.284	0.238	0.246
Obs	1420	1420	290	470	660	880	440	100

注：*、**、***分别表示在 1%、5%、10%的水平上显著。

资料来源：使用 Stata 14 软件计算得出。

从区域异质性视角来看，首先，相较于欠发达地区（如中国西部），发达地区（如中国东部）及次发达地区（如中国中部）的人口流入更加明显。根据“推力—拉力”拉理论，在高铁建设降低流动成本的情况下，欠发达地区自身的推力效应更加明显，使得欠发达地区人口向其他地区流出。其次，相较于发达地区，高铁建设对次发达地区人口流入的正面效应更显著。这在一定程度上表明，在发达地区的高铁网络逐渐成熟的情况下，发达地区的扩散效应逐渐显现。在这一过程中，次发达地区与发达地区重新进行功能分化，次发达地区承接了发达地区的部分要素，通过要素流入，集聚效应再次产生。

从城市异质性视角来看，首先，高铁沿线城市之间，高铁建设对大型城市的人口流入正效应较显著，相应地，中小城市存在人口流出的现象。高铁网络使得中小城市人口进一步向大城市流入。其次，高铁沿线城市与未建高铁城市之间存在人口流动差异。由于高铁带来的通达性使得人才向高铁沿线城市集聚，高铁沿线城市与未建高铁城市间的人口流动差距拉大。

兼顾区域与城市视角来看，不同区域间相同规模城市的人口流动同样存在着差异。高铁建设对欠发达地区大城市的人口流入效应显著高于发达地区大城市。这表明：首先，发达地区高铁城市的确已经发展成熟；其次，在欠发达地区内建设高铁有利于欠发达地区区域内部的人口流动，欠发达地区高铁网络的完善有利于促进新一轮的人口流动与人口集聚，但需考虑高铁的经济效益。

四、基于实证研究的政策建议

针对既有数据得出的总体结论，基于区域异质性、城市异质性及区域与城市异质性兼顾的视角，中国学者提出相应政策建议：

首先，发挥高铁沿线中心大型城市在高铁建设后的集聚效应，推动以中心大型城市为核心的城市群建设。高铁城市存在明显的人口流动及人口集聚效应，而其中大城市的人口流入效应最为显著。合理的高铁网络布局有利于进一步发挥中心大型城市的区位优势和资源优势，使得更多资源及要素协同发展，随着资源及要素的功能分化，将促进高铁沿线城市群的兴起。

其次，在发达地区城市发展走向成熟的过程中，进一步构建次发达地区的高铁网络，发挥次发达地区的潜力。从中国实际情况来看，加大中部高铁建设投入有利于中部崛起战略的落实，而中部崛起战略的资源优势也将进一步促进中部高铁建设。关键在于如何使二者相互作用。从实证证据来看，当前高铁建设对中国中部大城市的人口流动效应最显著，在发挥高铁沿线中心大型城市核心作用的基础上，应强化高铁对中部大城市的集聚效应和网络效应，从而形成中部崛起的合力。

最后，合理规划布局中小城市的高铁建设路径。从实证证据来看，中小城市在高铁建设中扮演迁出地的角色。若中小城市跟进高铁建设，则除考虑成本及经济效益以外，更应考虑城市的长远发展。一方面，应充分考虑自身核心竞争力，若自身在高附加值行业、文化及旅游业等产业存在资源优势，则应大力发展自身优势，避免被大型城市经济优势的“拉力”过多干扰；另一方面，看重高铁建设的时机和政策，等发展到能力足够的阶段，可以跟进高铁建设的机遇，合理看待高铁建设的利弊。

第四节　中国经验对泰国的启示

作为重要的陆路交通工具，高铁对社会生活产生了巨大的影响。于个人而言，高铁扩大了出行范围，缩短了出行时间，提高了出行时效，推动了人口流动，让普通民众享受着现代交通带来的舒适与便捷；于整个国家而言，修建高铁既是建设、完善基础设施的重要组成部分，又能为经济增长和发展带来巨大潜力，产生积极的经济效益和社会效益。

对泰国而言，高铁建设显得更为重要。无论是“一带一路”的大合作背景，还是泰国自身提出的“东部经济走廊”（EEC）计划、“泰国 4.0 战略”，都需要完善的基础设施加以配合。其中，以高铁为代表的现代交通运输系统在加快人员流动、促进区域间的交流与合作方面发挥着至关重要的作用，可有效助力经济增长。同时，作为交通运输业的重要组成部分，高铁运营本身又能作为一个经济增长点来推动经济发展。高铁的经济效益具体表现在以下五个方面。

一、高铁运营

首先，高铁的一大优势是其运行速度之快，可使各地间的人员流动更加方便快捷。以速度换时间，可极大地提高高铁往返的频率，增大高铁的客运吞吐量，增加铁路部门的经济收入，促进经济增长。同时，高铁的日常运营、维护等工作又产生了大量的工作岗位，提供了诸多就业机会，有助于拉动就业，改善就业结构，增加居民收入。

除了对铁路行业本身的经济刺激之外，高铁线路的开通还会带动沿线相关产业的发展。随着高铁线路的建成与完善，诸如餐饮、住宿、短途客运等相关服务行业可能会如雨后春笋般涌现，并随着客流量的增长而逐渐获得发展，带来经济和社会效益。

二、助推旅游

旅游业是泰国的支柱产业。2019 年，到泰国旅游的国际游客人数从 2018 年的 3 800 万人次增加到 3 900 万人次。其中，中国赴泰国游客人数为 1 098 万人次，同比增长 4.2%。旅游业是泰国经济的一大支柱，每年贡献国民生产总值近五分之一的份额，泰国的旅游业更是惠及了其产业链上的各个行业。

虽然泰国人习惯于公路出行，但是铁路交通在泰国依然有巨大的发展空间。首先，随着自由行逐渐流行，越来越多的游客选择自主出行，然而受到国际驾照的限制，游客在国外租车存在困难。并且，由于不熟悉当地的交通法规，驾车也存在一定的安全风险。因此，铁路交通就成为更好的选择。其次，随着高铁的建成，旅途时间将大大缩短，旅行的舒适度也能够有所提升，高铁成为众多游客的又一选择，并且也能够避免泰国公路出行经常遇到的堵车问题。最后，旅游业是泰国的重要支柱产业，许多国家的游客，例如来自中国、日本的游客都习惯于铁路出行，高铁的建成将进一步吸引类似国家的游客来泰国旅游休闲。

通过高铁打通城市间的交通连接，扩大旅游景点对于周边经济的辐射和带动作用。以高铁作为不同城市间的出行方式，可缩短跨城市旅游转站所耗用的时间，提高旅游出行效率，从而增加游客在旅游景点的停留时间，增加消费概率。

高铁线路的开通对于沿线的旅游资源是一次重新整合的机会。高铁的开通，对于沿线小城市来说是一次发展机遇，改善了原有小城市间交通通达度，使各城市的特色之处得以有机会更好地展现。可对高铁沿线城市的潜在旅游资源进行挖掘，找出不同城市间的特色、旅游资源的吸引力，特别是一些小众旅游景点，可与现有知名景点相结合，打造新的旅游线路，实现旅游业的创新发展。

三、拉动工业化与城镇化

高铁的建设可推动劳动力在不同区域之间更好地流动，实现人力资源的更优分配，从而推动本国工业化、城市化建设进程。

首先，对于工业产业布局而言，交通运输条件一直是企业考虑的重要因素之一。高铁的建设有助于沿线城市之间的交流互动，从而更好地整合城际间不同的资源优势，更有助于工业企业布局。新增工业企业可对高铁沿线城市开展调研，设计评估最优方案，从而判断出最优布局地点。

其次，高铁的开通对于劳动力的流动起到重大的助推作用。在泰国的出口产品中，有很多工业品属于劳动密集型产品，需要大量的劳动力资源。高铁的开通有助于不同地区间劳动力资源的更优配置，加速本国的工业化进程，推动国家经济转型升级。

对于现有的工业园区而言，高铁的开通打通了不同工业园区间的联系，拉近了工业园区间的距离，有助于不同工业园区间实现更好的经济交流与技术协作，从而突破地理上的限制，以高铁线路为依托，产生集群效应。

在推动工业化进程的同时，高铁的开通还有助于城市化进程的快速推进。闭塞的交通环境是城市与外界沟通的重要限制性因素。与外界的交流互动较少，仅依托城市内部资源所形成的闭环性经济很难有更大的发展空间，经济发展受到严重制约。在这种情况下，完善基础设施、推进城市化建设等重要事项很难推进。由此，城市化进程缓慢。

开通高铁后可极大地促进城市间的经济交流和人口流动，助力城市的经济发展，从而推动城市化建设进程。随着资金、人才等要素流向具有发展潜力的城市，城市的人口规模、经济规模都能得到有效的提升。有了相应的经济基础和流动人口增加所带来的市场需求，城市的基础设施相应地也会不断建设和完善，从而推动城镇化建设进程的发展。相应地，日益完善的城镇化建设又可进一步刺激经济发展，提供更多的就业岗位，给予城市未来更大的发展空间，从而形成良性循环。

四、吸引外商与人才

无论是国际上“一带一路”倡议，还是泰国提出的“泰国 4.0 战略”、EEC 计划，都需要国际合作。其中，外商投资是国际合作的重要方式，也是推动泰国经济发展的强有力引擎。泰方应积极完善以高铁为代表的现代交通运输网络以及基础设施建设，吸引外商投资。

首先，高铁建设能助力经济发展形成良性循环，推动工业化与城镇化建设，改善当地的经济环境和社会环境，而这一过程也能为外商投资铺垫良好的投资环境，增强该地区的投资吸引力，更广泛地吸引外资企业进驻。

聚焦泰国的 EEC 计划，不难发现，在计划实施过程中，政府将大量资金投入到了交通部门的基础设施建设。而高铁作为重要的陆路交通方式亦被列为重点投资项目。高铁在贯通经济园区、整合上下游产业链、促进人才流动等方面发挥着至关重要的作用。只有交通日益便利、基础设施日益完善，才能为外商投资提供更大的空间和更加广阔的市场。

同时，从 EEC 的定位中我们也能看出，EEC 未来将是高度国际化的经济区域，这既是巨大的经济发展机遇，又对当地的交通负载能力提出了巨大的考验。完善交通基础设施建设，修建高铁线路，确保人员集散的时效性，是非常明智之举，有助于 EEC 国际化定位的进一步实施。

此外，在努力发展经济的过程中，人才始终是重要推动因素。在招募人才时，既要努力挖掘本国人才，又要积极吸引国际人才。改善人才进驻的基本环境，对于吸引外来人才有着重要意义。

五、优化城市结构

在拉动沿线城市经济发展的过程中，高铁还可以起到一定的优化城市结构的作用。由于高铁的便利性，可减少人员过度集中于特定城市的可能性，避免因人员过度密集而带来的用地紧张、资源短缺等城市问题。人员分布较为均匀，各地借助高铁实现彼此联通，可促进城市的共同发展、均衡发展、从而改善城市结构，减少城市问题的出现。同时，泰方应加大投资力度，完善高铁网络化建设。在建设东部高铁线路的同时规划中西部高铁线路建设，为各地间的人员交流提供便利条件，加强中西部地区与东部经济走廊的沟通，扩大东部经济走廊的经济腹地，实现区域间、城市间的均衡发展、共同发展。

第九章　铁路建设对泰国城市群发展的影响

城市群是城市发展到成熟阶段的最高空间组织形式，是指这样的城市群体，即在特定地域范围内，一般以 1 个以上特大城市为核心，由 3 个以上大城市为构成单元，依托发达的交通通信等基础设施网络所形成的空间组织紧凑、经济联系紧密，并最终实现高度同城化和高度一体化。城市群是经济发展的主要载体，已成为支撑世界各主要经济体发展的核心区和增长极，国家间的竞争正日益演化为主要城市群之间的综合实力比拼。从世界范围内城市群的发展历程来看，土地开发利用、产业组织协调和空间体系建构等问题的有效解决，直接关系到城市群的健康协调发展。而从中国城市群的发展阶段和建设情况来看，在基础设施互联互通方面实现发展创新和重点突破，从而在更广阔的范围内加强城市群内部的分工合作以及与外部的衔接沟通，直接关系到一个国家新型城镇化建设进程的有效推进。

东部经济走廊是泰国近几年重点打造的经济特区，总投资额超过 3 420 亿泰铢，涵盖 101 个项目，将完善泰国公路、高速公路、铁路网络的连接，被称为泰国版的“粤港澳大湾区”。泰国东部的北柳府、春武里府和罗勇府一直是经济相对发达的地区，也是工业集群集中地，在泰国的快速发展以及泰国和邻国的经济链接中占据着重要的战略位置。加上“三府”的基础设施相对完善，在发展起步上拥有先天的优势。在打造东部经济走廊的过程中，首先，重要举措就是搭建完善的交通路网，以便更快速地促进各区域间的互联和发展。在交通枢纽搭建起来后，泰国东部经济走廊高铁项目将连接三大国际机场和两个主要港口，让“三府”与曼谷无缝相连。

与泰国相比，中国的城市群建设更早且涉及面更广，从“京津冀”“长三角”“珠三角”到现已列入规划的十几个遍布东中西部的城市群，中国的城市规划发展已经从点状布局走向了面状布局，而在这其中，离不开的是四通八达的高铁网络建设。高铁建设不仅增强了城市群内部的联通，使得大部分城市群内城市都处于“1 小时经济圈”内，更是联通了不同城市群之间的交流，打通了地域之间互联互通的“脉络”。

本章以长三角城市群为例，研究高铁建设和发展对于城市群发展的影响，并以长三角城市群的经验对标泰国东部经济走廊，预测泰国高铁建设对于城市群发展的影响，并提出相应政策建议。

第一节 中国高铁建设对城市群发展的作用机制

高铁在中国的发展时间还不长，但是高铁建设的区域产业集聚效应和示范效应在短短几年间就已初现端倪。借鉴骆玲、王艳艳等学者对高铁产业带的观点，对高铁产业带作如下定义：以高铁通道作为主导发展轴线，以高铁站点作为人口和产业集聚核心枢纽，依托高铁运输的高时效性、高密集性及大容量性等特点，吸引各种科技、人才、信息等要素向高铁沿线区域，特别是向枢纽区域集聚，并不断向横向和纵向拓展，从而形成一条沿高铁走向的产业相对集中、经济发展水平高于周边地区的复合带状产业系统。可见，高铁产业带的本质特征就是高铁沿线带状区域内产业的纵向集聚与扩散、横向流通与协调相互作用的过程，也是区域内资源、劳动力、信息等要素在高铁经济带内重新配置与再次优化组合的过程。

从时间维度上讲，高铁产业带内产业的集聚与扩散具有动态性和可逆性特征。动态性既是指产业的聚散具有动态性，也是指产业聚散规模的动态性；可逆性是指高铁产业带在集聚某些优势产业的同时也在扩散不适合该区域发展的产业。高铁经济带的形成发展过程中，伴随着产业聚散的动态性变化，也伴随着高铁产业带内区位的不断调整过程，在产业的聚散和区位的调整过程中，高铁产业带集聚的各种产业在与区位磨合的过程中实现了沿线区域要素优化配置和重新组合，表现为高铁沿线各种要素沿高铁通道枢纽的有序化布局，即具有竞争力的优势产业向高铁经济带核心区域集中，缺乏竞争力或流通性不强的产业向高铁产业带外围扩散。高铁产业带的聚散效应随着高铁经济带的发展而不断扩大，随着高铁经济带的成熟而趋于稳定，最后达到了区域内产业布局的动态化、协调化。

从空间维度上讲，高铁产业带产业的集聚与扩散具有同步性与不对称性特征。一方面，在整条高铁产业带空间范围内，任何区域都存在着产业的集聚与扩散过程，高铁产业带既是一个巨大的区域产业“接收器”，也是一个区域产业“过滤器”，在不断地吸收与淘汰的过程中，整个高铁产业带区域“从内至外”呈现出规律性的产业空间布局。另一方面，高铁产业带的聚散又不具有对称性。由于高铁的巨大的经济影响力和辐射力，从整个区域看，既有产业由高铁经济带边缘向其核心区域集聚，又有外围产业向高铁经济带内集聚；高铁产业带的扩散效应总体上表现为高铁产业带区域内产业由核心区向外围有序转移的过程，即产业的空间集聚范围远大于产业的空间扩散范围。由此，高铁产业带整体呈现出高于外界的经济发展水平和高铁产业带内部经济发展协调化布局的局面。

从结构维度上讲，高铁产业带产业的集聚与扩散是一个区域产业体系的自我优化的过程。高铁产业带的组成结构是高铁运输通道与区域经济活动在空间相互作用下长期演进的结果，它是一个不断发展和进化的过程，对环境进行不断地适应，对自身内部结构进行不断的调整，对功能进行不断的优化，空间辐射范围逐步扩大与不断优化。高铁产业带的空间辐射影响范围是由区域存量和通道流量共同决定的，而区域存量和通道流量也都是随时间发展变化的，所以高铁产业带边界是不确定的。但是，高铁产业带边界在某一时点也是确定的，由于区域中心对周边的产业集聚力和吸引力是有一定的空间范围的，产业带的产业引力也受到距离制约而逐渐衰减，是有规律性可循的。因此，高铁沿线经济的发展促进了高铁产业带的自我优化与自我完善。

交通运输与区域和城市发展及其空间演变之间是相互制约、相互推进及互动发展的，从城市空间规模及空间形态上可以发现交通运输方式的演变对其产生的影响。从步行时代到马车时代，城市的空间半径由 4 公里扩大到 8 公里（这里以 1 小时所能达到的距离计算），但是，单中心的城市发展核心没有被改变。20 世纪城郊铁路及汽车等交通运输工具的出现，使城市的空间半径逐渐扩大，单中心的城市空间发展格局发生了变化，并向多中心城市演变。在 20 世纪末，小汽车的出现是多中心城市逐渐成为大城市并不断扩张的核心因素，多中心城市已成为区域城市化发展的必然结果。随着高铁及磁悬浮列车等快速交通运输工具的出现，区域多中心的城市化模式出现了新的变化，城市多中心的发展趋势开始减速，取而代之的是以城市群及都市圈为代表的区域空间城市化模式，即若干个城市在快速交通运输工具的连接下，形成 0.5～1 小时的城市化空间经济圈。城市群的不断发展促使以城市间合作为主导的区域经济形态逐渐取代了以单个城市无秩序竞争为主的空间经济形态，城市间的有序化分工、城市产业专业化的形成，是以快速交通运输工具为主导的区域内城市空间发展的必然结果。所以，从另一个角度看，也可以说是交通运输方式主导了区域空间形态。

一、高铁对城市群等城市区域可达性的影响

最早使用可达性并将其进行定义的是美国学者汉森（Hansen），他将可达性定义为区域间相互作用机会的潜能，并以华盛顿特区为例，运用万有引力模型研究土地利用的形成及可达性与土地利用的关系，从此开了国外学者运用可达性分析区域经济发展的先河。高铁影响区域产业发展是通过两条途径来实现的，其一是加速沿线地区的要素流动，其二就是提高沿线地区的可达性。以长三角城市群为例，京沪、沪宁、沪杭、宁杭、杭甬、甬温 6 条高铁（城际客运专线）的开通使长三角沿线地区 40 余个设站城镇的城市可达性平均提高了超过 60%。高铁提高了区域可达性，除了可以促进区域间要素流动外，较高的区域可达性还可以获得以下优势：一是提高城市群内高铁沿线的城市区位优势，使其在集聚产业方面比城市群内未通高铁的城市具有更强的产业集聚力；

二是提高可达性可以节约要素流动的时间成本，高铁速度是普铁和高速公路的2～3倍，如沪宁城际客运专线的开通，使沿线20多个城镇实现了同城化效应，城市间要素流动不再受时间和空间的限制。

二、高铁与城市群要素流动

要素的流动速度及流通频率是衡量区域产业发展的两个重要标准，提高城市群内要素流动速度及流动频率，可以从城市产业结构及城市群产业布局上对产业发展进行帕累托改进，进而提高城市群产业发展效率。高铁具有高速度、高频率和高容量的经济特征，将加速沿线地区的劳动力、资本、信息等要素的高效流动。而由于当前高铁被定位是载客功能，因此，其对第三产业的生产要素和产品的生产及发展影响更大。金融、信息等高端服务业发展的核心竞争力就是对信息的掌握及对市场的控制，而高铁网的完善促使整个区域空间形同一个整体，在整个空间范围内，各种要素加速实现周期性的循环，每一刻的要素流动，都是城市群内的经济要素重新组合的过程，而每一个要素的重新组合，必然带来区域空间要素结构的帕累托改进。

三、高铁与城市群产业集聚

高铁促进了城市群内要素的加速流动，促进了城市群产业的加速集聚，形成产业规模经济效应和范围经济效应。在城市最佳规模上，不同的产业是具有不同的城市规模的，并且服务业产业形成的城市规模要比制造业产业形成的城市规模要大，而越是高端服务业的集聚，其集聚到最佳规模时城市规模就越大。而高铁影响最大的就是以第三产业为代表的服务业，特别是高端服务业，高铁促进了城市群内服务业向中心城市集聚，使中心城市的服务业产业规模不断扩大，中心城市的运行效率不断提高，城市规模也不断扩大，并逐渐趋向于“最佳规模”。从帕累托效率上看，城市群内服务业每一次向中心城市集聚，都是一次帕累托改进，中心城市的功能在产业的不断集聚中逐渐趋于最优化。

四、高铁与城市群产业分工

高铁促进了城市群内要素加速流动的另一个结果就是加速了城市群内城市的产业分工。亚当·斯密认为，劳动生产力的增进，是分工的结果，分工是由交换产生的，交换受市场规模的制约，市场规模又受到交通运输工具的制约。因此，交通运输是影响分工的各种因素的核心因素。再者，在城市群内，每一个城市培育有若干个主导产业，以支撑城市经济发展，但并不是所有的产业，相对于城市群来讲，对该城市都是具有竞争优势的，而且某些主导产业的集中也不一定能产生技术外溢效应。高铁是集传统轨道交通运输方式与现代科技于一体的交通运输工具，它正是影响区域间要素流动的核心因素。高铁可以满足城市群发展的各种需求：首先，在有限的时间范围内，高铁可以实现城市群整个空间范围内的要素有效流动；其次，高铁大容量、公交化的运行特点，可以实现城市群内城市的同城化效应。因此，高铁加速了城市群内要素流动，进而加速城市群产业分工，而产业分工有助于提升城市群经济效率，产业分工又促进了城市群内各城市的产业专业化发展。同时，城市分工有助于各城市可以专注于某一产业的发展，提高每一个城市的产业竞争力，城市群整体产业竞争力将提升一个档次。另外，不同的产业具有不同的最佳规模，城市群产业分工可以导致城市群内城市专业化形成，进而形成等级规模协调合理的城市体系，即城市群空间结构趋于合理化。

五、高铁与城市群沿线产业存量开发

高铁的开通激发了沿线区域的产业存量开发。高铁的高速度、大容量、公交化运营方式产生的最直接区域经济效应就是沿线地区的产业开发效应。首先是沿线地区和城市的旅游业和房地产等关联性较强的潜在产业的突变性崛起。以 2009 年底通车的武广高铁沿线设站的 10 个地级以上城市旅游业为例，2009 年旅游人数达 2.21 亿人次，同比增长 23.30%；2010 年旅游人数达 2.94 亿人次，同比增长 33.12%，旅游人次增长率较 2009 年提高了近 10 个百分点。再从旅游收入上看，2009 年实现旅游收入为 2 330.44 亿元，同比增长 23.74%；2010 年旅游收入为 3 124.49 亿元，同比增长 34.07%，旅游收入增长率较 2009 年增长率提高了 10.33 个百分点。

其次，高铁的贯通促进了沿线地区和城市的商业、物流、会展、批发零售、餐饮、住宿等产业的崛起。广州市在高铁通车后的第一年里过夜旅游人数就达到 4 506.38 万人次，而在 2008 年和 2009 年则仅为 2 678.52 万人次、2 879.41 万人次，过夜旅游人数的高速增长，必然带动了城市餐饮、住宿等关联产业的快速发展。通过查找资料，发现广州市 2010 年餐饮住宿业实现零售额 592 79 亿元，同比增长 29.50%，增长率较上一年提高了 11.2 个百分点；批发零售业实现零售额 3 883.59 亿元，同比增长了 23.30%，增长率较上一年提高了 7.6 个百分点；社会消费品零售总额 4 476.00 亿元，同比增长了 24.20%，增长率较上一年提高了 8.8 个百分点。总之，餐饮、住宿、批发零售等与高铁关联性较强的产业，其增长率与上一年同比均有不同程度的提高。

再次，高铁也促进了沿线城市新区和产业集聚区的崛起。对 2011 年开通的京沪高铁进行分析可以发现，其沿线 23 个城市的 24 个站点中，处在建设或规划当中的高铁新城、高铁新区或高铁产业集聚区就已达到了 16 个。其新区（新城）规划设计，不论是面积、建筑规模或产业定位，都向高起点、高标准、高要求看齐。例如，无锡市正在建设的锡东新城，规划面积 125 平方公里，新城规划预计“一年成名、三年成型、十年成城”；蚌埠市规划建设高铁新区，占地 9.27 平方公里，发展动漫产业园与总部经济区等，被称为“高铁 CBD”；济南市的济西高铁新城规划面积 55 平方公里，定位为齐鲁新门户、泉城新商埠、城市新中心，形成区域性总部项目集聚地、现代经济产业发展基地和适合城市经济发展的平台；德州市规划的高铁新区面积为 56 平方公里，规划设计为集高级商务、高端服务、高新产业于一体的高品质新城区等。一座座高铁新区的崛起暗示着未来高铁新城必将成为全新的城市建设模式，而在京沪、武广、郑西等高铁沿线将会形成高铁新城带。

六、高铁与城市群沿线产业流量开发

高铁扩大了沿线区域的产业流量及其流通空间。一方面，高铁的贯通扩大了沿线不同地区和不同城市间交流的流通量。京沪高铁开通四年来，日均客流量依次为 13.2 万人次、13.8 万人次、23.2 万人次、25.2 万人次。沿线地区逐年提高的客流量，必然带动了沿线其他产业和要素的快速流通，加速了京津冀城市群、济南都市圈、徐州都市圈、长三角城市群等一系列城市群的产业一体化进程，使东部沿海地区沿高铁形成连绵千余里的巨型大都市连绵区产业带。

另一方面，高铁的贯通也扩大了沿线地区的要素流通空间。城市群的产业和要素流通空间到受包括交通时间在内的一系列因素的制约，随着高铁、城际客运专线等快速交通运输网络在城市群内的完善，城市群正在沿高铁通道向外界扩容。如长三角城市群正在向苏北、安徽、浙南等地区扩容，于 2010 年和 2013 年两次沿京沪方向高铁吸收了徐州、宿迁、滁州，沿宁合、合蚌客运专线方向吸收了合肥、淮南，沿宁安城际客运专线方向吸收了马鞍山、芜湖，沿甬温高速铁方向吸收了温州等共计十余个城市。高铁正在成为城市群向外扩张与区域资源、产业整合的主导力量。

第二节　中国典型城市群铁路建设与经济发展研究

当前，中国已形成了多层次、多发展模式的城市群体系，主要包括长三角城市群、珠三角城市群、京津冀城市群、山东半岛城市群、辽中南城市群、长江中游城市群、中原城市群、哈长城市群、海峡西岸城市群、成渝城市群和关中城市群等国家级城市群以及处于规划中的区域级城市群（见表 9－1）。按集群发育程度，城市群可大致分为三类。第一类为处于成熟阶段的城市群，如长三角城市群、珠三角城市群、京津冀城市群；第二类为处于成长阶段的城市群，如成渝城市

群、山东半岛城市群、辽东半岛城市群等；第三类为处于萌芽阶段的城市群，如关中城市群等。本节选取的中国典型城市群为长三角城市群、成渝城市群、关中城市群，并实证研究铁路对城市群的影响。

表 9－1　　　　中国已规划并基本建成的城市群

城市群	主要连接城市
长三角	上海、南京、苏州、无锡、徐州、镇江、扬州、南通、泰州、淮安、盐城、连云港、宿迁、常州、杭州、宁波、嘉兴、湖州、绍兴、台州、金华、温州、丽水、衢州、舟山、合肥、滁州、马鞍山、芜湖、淮南
珠三角	广州、深圳、珠海、佛山、江门、肇庆、惠州、东莞、中山
京津冀	北京、天津、石家庄、唐山、秦皇岛、保定、张家口、承德、沧州、廊坊
长江中游	武汉、黄石、鄂州、黄冈、仙桃、潜江、孝感、咸宁、天门、宜昌、荆门、荆州、襄阳、长沙、岳阳、常德、益阳、株洲、湘潭、衡阳、娄底、南昌、九江、景德镇、鹰潭、上饶、新余、抚州、宜春、吉安
成渝	重庆、成都、自贡、泸州、德阳、绵阳、遂宁、内江、乐山、南充、眉山、宜宾、广安、雅安、资阳
山东半岛	济南、青岛、烟台、潍坊、淄博、东营、威海、日照、邹平
辽东半岛	沈阳、鞍山、抚顺、本溪、营口、辽阳、铁岭、阜新
中原	郑州、洛阳、开封、新乡、焦作、许昌、平顶山、漯河、济源
关中	西安、宝鸡、咸阳、渭南、铜川、杨凌农业示范区
海峡西岸	福州、厦门、漳州、泉州、莆田、宁德

资料来源：根据中国各城市群发展规划整理。

一、长三角高铁发展历程

长三角地区自古以来就是重要的交通要道，水运、公路、航运、铁路都相当发达，尤其是随着 2008 年第一条高铁线路——合宁城际铁路的开通，长三角城市群正式迈入高铁时代，随着高铁线路的不断开通“1 日交流圈”“1 小时交流圈“的交流范围在城市群内部城市之间逐渐扩大。高铁的助力推动了长三角城市群综合交通网络的形成，使得长三角城市群距离世界级城市群的距离又进了一步。

2005 年《环渤海京津冀地区、长三角地区、珠三角地区城际轨道交通网规划》（2005—2020 年）的制定完成，标志着长三角地区城际轨道交通建设正式拉开帷幕。与中国高铁发展基本同步的长三角地区，高铁的建设投资与开通一直保持着较快的发展。如表 9–2 所示，从 2008 年至 2016 年底共有 12 条高铁线路开通运行，2008 年合宁高铁开通，2009 年新增合武客运专线、甬台温铁路，2010 年新增沪宁城际铁路、沪杭城际铁路，2011 年京沪高铁徐州至上海段，2012 年合蚌高铁，2013 年宁杭城际铁路、杭甬高铁，2015 年新增合福高铁、宁安高铁。原中国铁道部数据表明，截至 2016 年底，长三角城市群已开通的高铁总线路里程高达 4 391 公里，站点总数达 157 个，预估投资总额 5 437.02 亿元。

表 9–2　　　　长三角城市群已有高铁线路　　单位：公里，个，亿元

铁路名称	里程	时速	车站数	投资额	建设周期
合宁城际铁路	166	250	8	411	2005.07—2008.04
合武客运专线	360	250	14	86.2	2005.10—2009.04
甬台温铁路	283	250	13	163	2005.10—2009.09
沪宁城际铁路	301	350	21	394.5	2008.07—2010.07
沪杭城际铁路	160	350	9	296 8	2009.02—2010.10
京沪高铁	593	350	13	1 215.12	2008.04—2011 06
合蚌高铁	131	350	8	136	2009.01—2012.10
宁杭城际铁路	249	350	11	237.5	2008.12—2013.07
杭甬高铁	150	350	7	212	2009.04—2013.07
杭长高铁	933	300	21	1 308.8	2009.12—2014.12
合福高铁	808	300	22	1 076	2009.12—2015.06
宁安高铁	257	250	10	268	2008.12—2015.12
连盐铁路	234	200	12	217	2013.12—2017.09
合计	4 391	/	157	5 437.02	/

长三角城市群高铁网络基本以合肥、南京、上海、杭州、宁波为主要节点中心城市，在各个方向打破阻隔，实现区域内各个中心城市之间互联、互通，中心城市环状联通、辐射本区域，区域外以中心城市为依托，建立多条高铁线路与节点。合肥市实现与南京、上海等城市群中心城市的1小时、3小时可达圈。2008—2012年，以合肥市为中心，分别在北翼开通合蚌高铁，在南翼开通合武客运专线和南京方向的宁合客运专线，使合肥在各个方向的高速通道相继打开，有助于以合肥市为中心的圈层区域与外部区域实现互通。高铁的开通使合肥至南京行车时间从4小时缩减到不到1小时，合肥至上海仅需2.5小时，大大加快了长三角城市群内合肥都市圈与南京都市圈的联系，有利于包括安徽省部分城市在内的长三角城市群更好地交流与合作。2009年开通的合武客运专线（合肥—武汉）是中国“四纵四横”快速客运网的重要组成部分，使长三角城市群同外部的联系不断增强，武汉—合肥、武汉—南京、武汉—上海的运行时间缩减到2小时、3小时、5小时。南京、上海、杭州实现区域内高铁的“公交化”。2008—2016年沪宁城际铁路、沪杭城际铁路、宁杭客运专线、杭甬线、甬台温铁路、京沪高铁等线路相继开通，区域内“1小时可达圈”范围不断扩大。2008年开通的京沪高铁则是实现了长三角城市群与北部京津冀都市圈等地的互通；2009年开通的甬台温铁路（宁波—台州—温州），向南直通珠三角，促进东部沿海经济带之间的联系和交流，促进京津冀地区、长三角经济区、珠三角经济区等地区的协同发展，同时也填补了长三角地区宁波与温州的高铁空白，处于中间节点的台州则能够更好地实现与宁波、温州等地的交流，同时也使得长三角城市群辐射范围更大；2010年开通的沪宁城际铁路和沪杭城际铁路相继投入运营，促进了长三角地区交通格局的发展与经济格局的变化，在很大程度上缓解了交通拥堵问题，进一步带动长三角地区各类要素的流动，使得上海与江苏地区、浙江地区形成1～2小时可达圈与经济圈；2013年宁杭高铁的开通，标志着联通南京、杭州、上海的“金三角”线路沪宁杭高铁通道的形成（见图9－1），大大缩短了南京—杭州段的运行时间。高铁的开通加速了长三角城市群的“同城化效应”，有助于促进一体化发展。

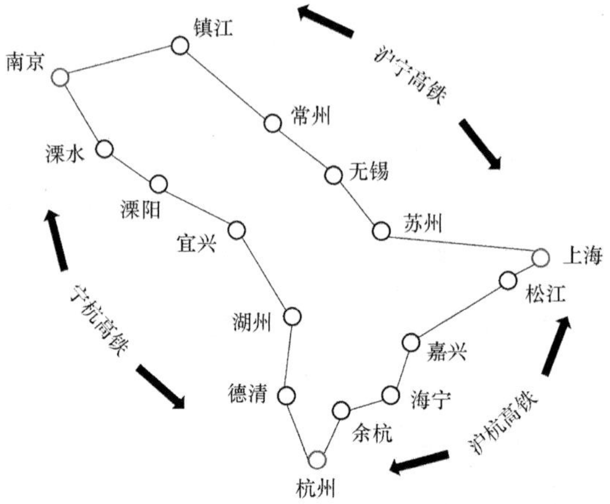

图 9-1 “金三角”线路图

高铁自开通初期至今，速度和列车频次在不断地提升。在列车速度方面，根据 2017 年初 12306 最新列车运行时间以及车次统计长三角城市群主要节点城市之间的列车频次以及最短运行时间，南京高铁站平均每天有 430 次列车停靠，南京南—上海虹桥、南京南—杭州东最短运行时间仅约 1 小时；合肥南—杭州东、合肥南—上海虹桥则进一步缩减到 2 小时。

在列车车次方面，根据 2016 年统计数据，2016 年高铁总车次排名前 20 的城市中，上海、南京、杭州、苏州、无锡、常州、合肥 7 个城市车次总数在全国分别位列第 2、4、8、10、12、14、16 位（见表 9-3），长三角城市群的高速时代已经到来。

表 9-3　　2016 年高铁总车次排名前 20 的城市

名次	城市	城市分级	车次总计	名次	城市	城市分级	车次总计
1	北京	一线城市	575	8	杭州	新一线城市	370
2	上海	一线城市	532	9	东莞	二线城市	320
3	杭州	一线城市	490	10	苏州	二线城市	276
4	南京	新一线城市	445	11	济南	新一线城市	272
5	深圳	一线城市	389	12	无锡	新一线城市	263
6	天津	新一线城市	379	13	武汉	新一线城市	256
7	长沙	新一线城市	371	14	常州	二线城市	233

续表

名次	城市	城市分级	车次总计	名次	城市	城市分级	车次总计
15	石家庄	二线城市	217	18	徐州	二线城市	200
16	合肥	二线城市	206	19	南昌	二线城市	190
17	上饶	四线城市	204	20	郑州	二线城市	190

交通在区域经济发展过程中起到至关重要的作用，经过10年的高铁发展，长三角地区已经基本实现区域内主要发展干道的互联、互通，人力资本等要素在以越来越快的速度进行着流通，经济的活跃度不断提升，长三角城市群的综合实力不断提升，世界影响力也在不断地扩大。

二、长三角城市群产业发展条件

（一）地理位置优越，资源丰富

长三角城市群位于中国东部沿海地区，地理区位优势明显，同时，畅通的水系使长三角城市群水运发达，集聚众多港口，位于东部地区江海连接处，濒临东海与黄海，是中国重要的江海口岸。同时，安徽省、江苏省是长三角地区矿产相对丰富的省份，天然气等能源也相对较为丰富。优越的地理位置与自然资源为长三角城市群的发展提供了先天的发展优势，增强了其地区竞争力与吸引力。

（二）经济实力强

长三角城市群经济体量大，人均GDP处于全国领先地位，近年来整体发展速度稍有放缓，但安徽省后发优势强劲，其他地区则更加注重整合资源的长久型发展。2005—2020年城市群经济体量不断上升，约占全国经济总量的20%，并且整个长三角地区（包含上海、江苏、浙江、安徽）的经济体量也在不断攀升，约占全国经济总量的24%～25%。如图9-2所示，人均GDP方面，除安徽省目前人均GDP低于全国水平外，江苏省、浙江省、上海市、长三角地区的人均GDP均高于全国水平。而安徽省的人均GDP虽然目前低于全国水平，但是从2005年以来，经济一直保持着持续的增长，未来安徽省的发展进步将成为长三角地区重要一环。另外，虽然上海的 GDP 总额在小幅降低，但是人均 GDP 稳居长三角地区第一位，说明了上海综合经济实力的地位仍旧在不断加强。

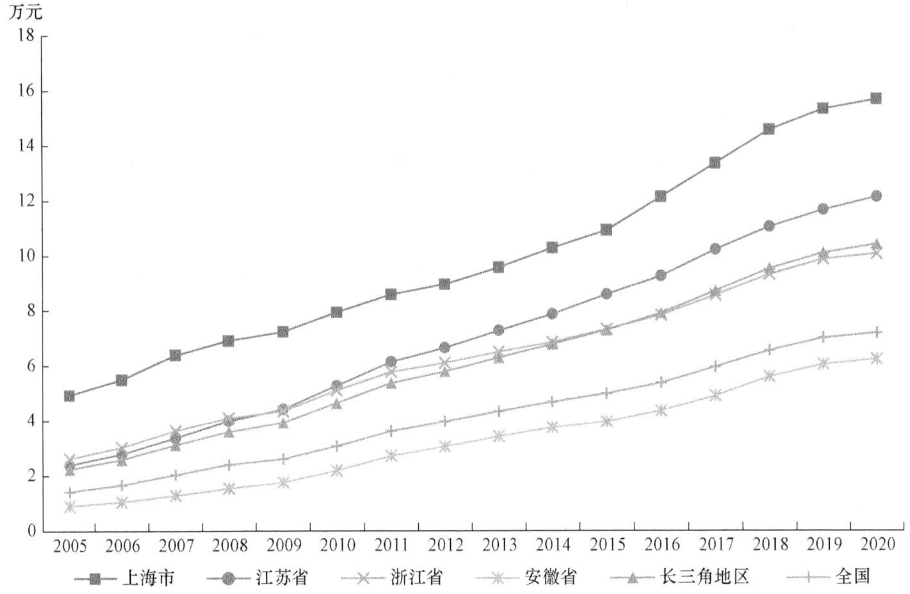

图 9-2　2005—2020 年长三角主要城市区域人均 GDP

（三）政策环境优越

自 1978 年以来，中国区域发展主张东部沿海地区优先发展，长三角地区优越的地理位置与资源环境受到财政大力支持。如图 9-3 所示，长三角城市群主要年份公共财政支出增加显著，2010—2015 年的公共财政支出增长规模大于 2005—2010 年，2010 年近 10 000 亿元，2010—2015 年公共财政支出增

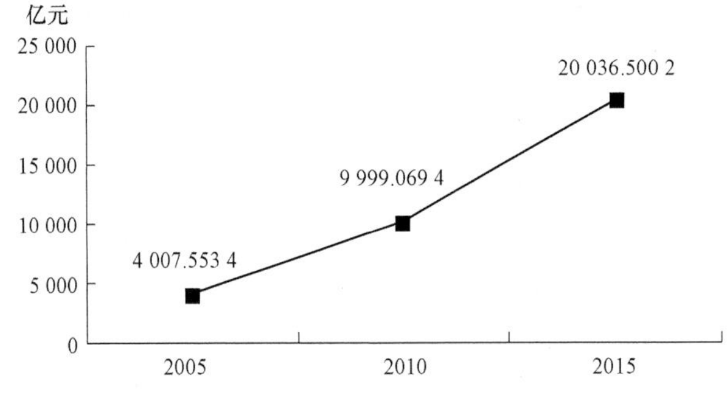

图 9-3　2005—2015 年长三角城市群主要年份公共财政支出

加 10 036 亿元，支出增长规模远超过 2005—2010 年的 5 992 亿元。2016 年，国务院对《长江三角洲城市群发展规划》进行批复，意味着未来长三角城市群的发展将会得到更大的国家支持力度与更加开放活跃的市场环境。

（四）人才集中度高

人才的培养主要依赖高校和各中等职业院校，而高校相对集中的区域总能依附区域人才优势，促进区域发展。长三角城市群中上海市、南京市等地，集聚了诸多高校和科研机构，集聚了远超过全国水平的人才数量，未来发展的人力资本充足。截至 2015 年，长三角城市群 985、211 高校 25 所，在全国范围内占比大，26 个城市每万人在校大学生数量平均水平为 274 人/万人，每万人在校中等职业学生数量为 107 人/万人，均高于全国平均水平的 211 人/万人、104 人/万人，而南京市每万人在校大学生数量高达 1 244 人/万人，远高于全国平均水平。

（五）交通基础设施发达

长三角城市群内高铁、高速公路、航空、水运相当发达。截至 2016 年底，已开通沪宁高铁、沪杭高铁等高铁 12 条，站点数目达 157 个，在建线路 7 条，规划线路 18 条；沪昆高速公路、沪宁高速公路等高速公路线路 35 条；以上海港、南京港为代表的港口多达 23 个；大型桥梁建成或者在建的有 37 个；城市地下轨道交通营运里程已经超过 1 000 公里，长三角城市群未来规划要打造更高水平的综合交通网络，意味着区域城市之间的陆路可达性将进一步提高。

三、铁路对城市群经济影响的内在机制

现代城市经济的发展演变表明，影响城市群产业结构优化的因素主要为社会需求结构、资源供给结构、技术进步、制度安排及国际贸易等。不同的历史发展时期，影响区域产业结构优化的影响因素也不一样。在农业时代，社会需求及资源供给成为影响城镇产业结构的重要因素；在蒸汽工业时代，技术进步及资源供给则成为影响城市产业结构最主要的因素；在 21 世纪，技术进步及创新成为影响城市群产业结构优化的核心因素。一个拥有现代最新科技、具有鲜

活的创新血液、把握时代发展趋势的城市群必然会成为城市群产业结构优化及产业换代升级的引领者。

首先，高铁完善了城市群产业结构的有序等级化优化。以“中心城市、副中心城市、其他城市”结构为例对高铁在城市群产业结构优化中的作用进行分析：中心城市和副中心城市向其他城市转移的产业主要是制造业，特别是高耗材、高耗能、高污染型产业及劳动密集型产业；由于中心城市的发展空间有限，其也会将现代制造业、战略性新兴产业等产业链条中属于加工制造业的部分“外包”给副中心城市和其他城市；同时，中心城市将城市生产服务业、生活服务业及其他劳动密集型产业分配给城市群内的区域型副中心城市，以缓解中心城市的交通拥挤、生活拥挤等问题。

其次，高铁完善了城市群产业结构的圈层化优化。与高铁对城市群内城市产业结构优化的等级化效应不同的是，高铁对城市群产业结构的圈层化效应则主要体现在第一、二产业的转移。如中原经济区规划未来高铁与城际铁路时代下的圈层式结构，即以郑汴都市区为核心圈层，半小时圈层将涵盖中原城市群的其他 7 个城市，“1 小时经济圈”将包括整个中原经济区。通过高铁与城际客运专线的串联，郑汴都市区正在实施产业结构调整与产业优化升级规划，将不属于核心圈层的部分产业转移到半小时圈层，同时优化调整“半小时产业圈”的产业结构，将半小时圈层区域产业做成精品化、高端化，以将不属于“半小时产业圈”的部分产业进一步向外围区域转移，这种产业转移方式间接地也促进了城市群内“半小时产业圈”以外地区的产业精细化、产业专业化和产业生活服务化的发展。

最后，高铁产业带的产业结构优化与布局优化。高铁产业带是一个产业沿高铁两边呈对称带状布局的区域。随着高铁的发展，高铁两边土地的区位优势不断提升，沿线地区要素流动不断加快，其产业集聚优势不断增强。在生产成本、产业发展、交通运输等因素的制约下，富有竞争力的高效益产业往往会继续处于优势区位上，而缺乏竞争力、生产技术落后和企业效益不佳的产业往往会搬离该地区，以减轻生产成本压力，进而形成一条沿高铁呈阶梯状分布的产业带。

四、铁路对长三角城市群经济影响的实证研究

根据 2016 年国务院常务会议通过的《长江三角洲城市群发展规划》，长三角城市群包括上海市，江苏省南京、无锡、常州、苏州、南通、扬州、镇江、盐城、泰州，浙江省杭州、宁波、湖州、嘉兴、绍兴、金华、舟山、台州，安徽省合肥、芜湖、马鞍山、铜陵、安庆、滁州、池州、宣城，共 26 个城市。自 2008 年起，长三角城市群内开通高铁的城市数量如表 9－4 所示。

表 9－4　　长三角城市群开通高铁城市数量　　单位：个

年份	开通高铁城市数量
2008	3
2009	5
2010	12
2011	12
2012	12
2013	14
2014	15
2015	21
2016	21

人均区域生产总值可在一定程度上表示区域的经济发展水平。长三角城市群人均区域生产总值与该区域开通高铁的城市数量间的关系如图 9－4 所示，两者间存在显著的正相关关系，即长三角城市群开通高铁的城市数量越多，对区域经济发展的带动作用越强。

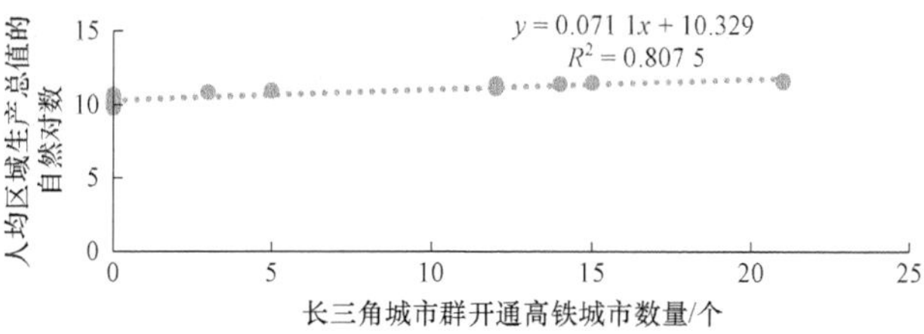

图 9－4　长三角城市群开通高铁城市数量与人均区域生产总值的关系

第三产业产值占区域生产总值的比重可以在一定程度上代表区域产业结构的优化程度，通常认为第三产业占比越高的地区，其产业结构优化程度越好，对自然资源的依赖程度越小。长三角城市群开通高铁城市个数与第三产业占比的关系如图 9－5 所示，可以发现两者间存在显著的正相关关系，即城市群内开通高铁的城市越多，其第三产业占比越高。根据预测，不考虑其他影响因素的情况下，如果长三角城市群的 26 个城市都开通高铁后，第三产业占比可达到 53.88%。

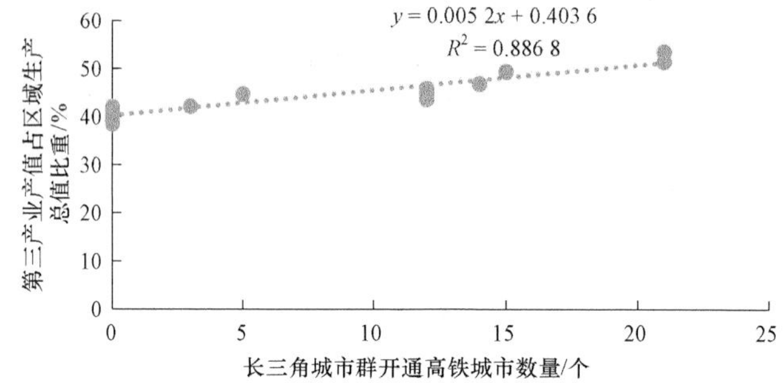

图 9－5　长三角城市群开通高铁城市数量与第三产业占比的关系

固定资产投资会对区域内工业企业规模产生影响，进而影响区域内工业的集聚程度。长三角城市群开通高铁城市个数与固定资产投资占比的关系如图 9－6 所示，可以发现两者间存在显著的正相关关系，即城市群内开通高铁的城市越多，其固定资产占比越高。根据预测，不考虑其他影响因素的情况下，如果长三角城市群的 26 个城市都开通高铁后，固定资产投资占比可达到 61.84%。

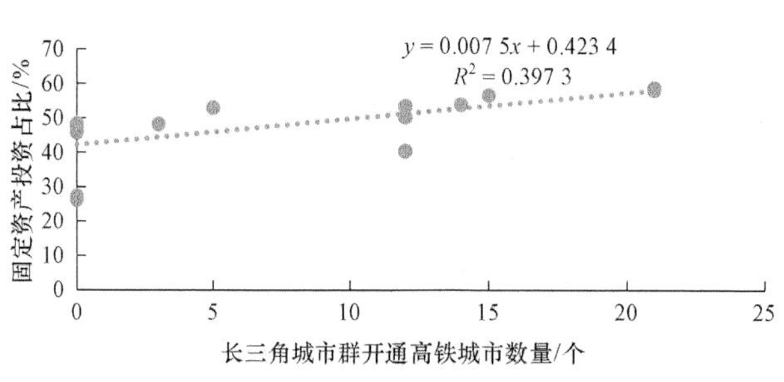

图 9－6　长三角城市群开通高铁城市数量与固定资产投资占比的关系

五、普铁在长三角城市群的分工和职能转变

中国长三角地区与泰国东部经济走廊在多个方面具有相似之处。首先，两个地区均有大型港口城市（上海港是中国内地最大的港口，林查班港是 2005 年世界吞吐量排名第二十的港口），具备强大的水运能力；其次，两个地区均包含多个经济较发达的省级行政区划，内陆腹地广阔，具备纵深发展潜力；第三，都具备国家的政策优势，如中国建立浦东新区、苏州自贸区等，泰国对东部经济走廊地区的特定企业和个人给予税收减免和一系列高新行业支持及招商引资优惠政策等。

从交通基础设施的角度来看，泰国东部经济走廊地区目前铁路设施较不完善，尤其是客运仍以公路运输为主，而中国的长三角地区在高铁建设之前就具备基本的客货运铁路网络。但是由于中国的普铁建设开始时间较早，长三角地区许多 20 世纪中期修建的普铁（如 1950 年前后的沪宁、沪杭甬、江南（宁芜）、淮南等铁路）技术标准低，采用木枕、杂型轨和非标准道岔，单线运输，在当时列车平均时速只有 30 公里左右。因此，研究 20 世纪普铁的修建对长三角地区城市发展及经济建设的影响，对于当今泰国东部经济走廊地区交通基础设施的修建已不具备借鉴意义。而对“高铁时代”普铁的分工和职能转变的分析，可以为泰国东部经济走廊成套交通基础设施的建设提供更多的借鉴和启示。

事实上，长三角地区的铁路建设和完善、从普铁到高铁的发展都经历了一个漫长的过程。1968 年 9 月 30 日，南京长江大桥建成通车，结束列车渡江时间长达 1.5 小时的历史，列车通江只需 2 分钟。1996 年 9 月，京九铁路全线通车运营，阜阳成为铁路枢纽；同年，铁路部门在沪宁线开展提速试验，率先开行了“先行号”快速列车，使沪宁间最快运行时间大幅压缩。1997—2006 年，中国铁路先后进行 6 次大面积提速，列车最高时速提至 200 公里。2008 年 4 月 18 日，中国第一条时速 250 公里客运专线——合宁客运专线通车运营。近 10 年来，长三角地区开通合宁、合武、京沪、沪宁、沪杭等高铁线路 18 条，里程达 4 171 公里。就全国数据而言，随着 2008 年以后高铁建设逐步加快，带来了铁路客运量的提升和铁路运量占全方式客运量占比的大幅提高（见图 9－7）。截至 2017

年，高铁客运量已占铁路客运总量的近 50%（见图 9－8），可以说对客运而言，普铁已逐渐被高铁取代。转向高铁的乘客除了一部分中短距离的航空旅客外，更多的是高铁开通前的普铁乘客，高铁与普铁在发展过程中呈现出了不同的功能，交通基础设施的升级和乘客选择的转变也使普铁的当代分工和职能发生了变化。

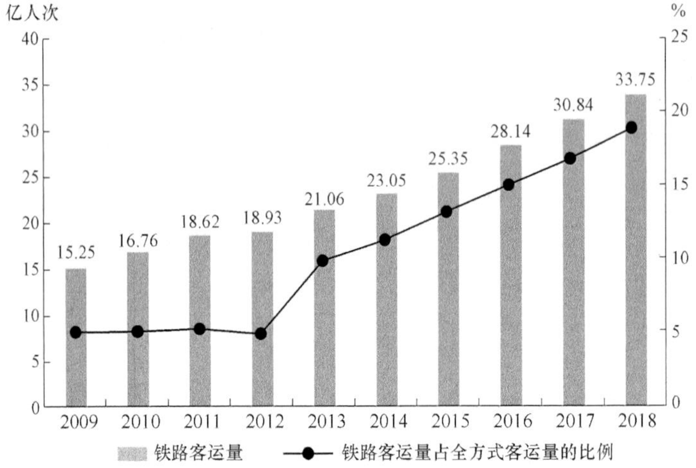

图 9－7　2009—2018 年铁路客运量及占比

资料来源：郝媛，徐天东，伍速锋．高铁网络化背景下普铁与城市的冲突与协调［J］．城市交通，2020，18（2）：67－75＋109.

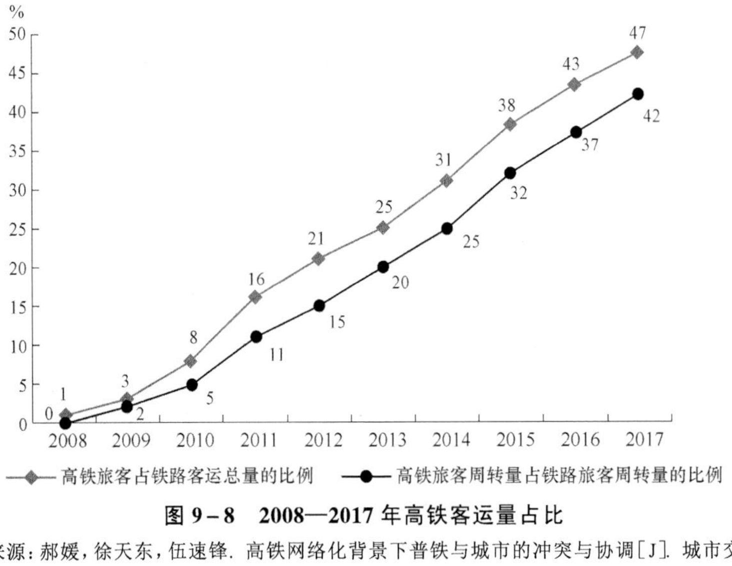

图 9－8　2008—2017 年高铁客运量占比

资料来源：郝媛，徐天东，伍速锋．高铁网络化背景下普铁与城市的冲突与协调［J］．城市交通，2020，18（2）：67－75＋109.

（一）普铁的客运分工转变

中国普铁网经过 100 多年的发展后已经形成了基本完善的格局，绝大部分城市都有铁路经过，在空间范围上更能够呈现“普适性”特征，可以说普铁的建设除了经济意义的考量外，更能够体现重民生、促公平的政策意义。相比而言，高铁目前是在连接少数人口大城市和经济强市的基础上，尽量兼顾沿线其他城市。高铁主要在经济发达、人口稠密的城镇群内修建。因此，在高铁开通后，高铁和普铁发生了明显分工。除均承担较多的中心城市与普通城市间客流联系外，高铁更多承担中心城市间的联系，而普铁更多承担普通城市间的联系。中心城市间高铁客流强度明显大于其他城市连接类型的客流，而普铁客流更分散、均匀。远程高铁充分发挥了中心城市的吸引能力，促进了中心城市间经济联系及人员往来。相比于普铁，高铁旅客公费比例更高，商务出行更多，收入水平更高。这体现了高铁不同于普铁的服务特性。此外，两个城市间客流与经济规模正相关，客流强度随距离衰减。

（二）普铁的职能转变

高铁开通之后，在高铁和普铁共存的复合型通道上，普铁的功能逐渐发生分化，包括客货兼顾、以货为主、全部货运等。高铁优先在主要的城市群之间以及城市群内部建设，在一些主要的城镇走廊上形成了四线或多线的铁路运输格局，即服务长距离运输的高铁、服务城市群内部联系的城际铁路以及与既有普铁共存的格局，如京沪走廊、京广走廊、京津走廊、京秦走廊、成渝走廊、沪昆走廊、陇海走廊等。多线铁路运输为客货分线提供了条件，实施铁路客货平行的高铁建成后，既有普铁能力得到释放，为实施客货分线提供了可能。分线运输之后，既有普铁的运输组织一般分为三种模式：一是按行车量分时段运行客货列车，二是全部运行货物列车，三是货运为主兼顾部分旅客列车。

（三）长三角地区普铁分工和职能转变对泰国东部经济走廊的启示

综合以上讨论，随着高铁网络在中国长三角地区的建设和完善，高铁客运量在铁路客运量中的占比逐渐提高，可以预计迄今为止高铁在全国范围内已经承担了 50%以上的客运量，并且高铁的客运量仍在逐年上升，这些增加的客运量近一半是高铁建设刺激产生的新需求，而另一半主要来自普铁乘客的转移。

高铁客运比例的增加释放了已有普铁线路的运输能力，使普铁的客运分工及职能均发生了一定程度的转变。从客运方面看，中心城市间的客运主要由高铁承担，而普铁更多承担普通城市之间的运输功能。从运输职能方面看，普铁运输能力的释放使普铁线路更多转向了货运。

泰国东部经济走廊项目是一个包含机场、港口、高铁、双轨铁路、公路的全套交通基础设施项目。除乌塔保国际机场项目外，曼谷—罗勇高铁项目是其中耗资最大的项目。

从中国长三角地区的交通基础设施建设和发展经验中可以看到，交通线路的布局和建设不可能是单一的，也不能一步到位。从公路到铁路，再到高铁是一个不断改进且互为补充的网络体系。长三角地区 20 世纪的普铁建设也是从时速 30 公里开始逐步完善和提速的，在高铁开通后，普铁也由于成本和运量优势由客运转向货运。因此，东部经济走廊地区也需要在建设新项目的同时，不断升级和完善已有线路，发挥完善的公路网络的优势，通过高铁建设带来的巨大客运能力来释放现有运输能力，降低公路在东部经济走廊地区的客运功能比重，缓解交通事故频发、污染严重问题的同时，提高公路的货运效率。同时，通过普铁建设，发挥普铁的货运功能和高铁网尚未涉及的普通城市间的客运功能。最终通过结合铁路、港口、航空多种方式实现水陆联结、陆空联结，实现客运、货运整体运输效率的提升。

第三节 泰国东部经济走廊铁路发展及政策建议

在“泰国 4.0 战略”推进过程中，东部经济走廊的意义重大。东部经济走廊，是指泰国在东部沿海的北柳、春武里和罗勇三府设立的经济区。东部经济走廊全面推进开展后，泰国经济增速将从目前的 3%提高至 5%，每年为国家降低 4 000 亿泰铢的物流运输损耗，并创造 100 000 个工作岗位。在建设中，政府通过大力发展铁路、航空等基础设施以及推行一系列的投资优惠政策来吸引新产业，希望能够将泰国东部打造成为一个集海陆空三维交通系统为一体的国际交通要塞。三大建设要点为：发展东部三府、打造完整交通网络以及重点产业投资。

东部经济走廊政策的展开，使得泰国基础设施建设迎来了新的机遇，铁路交通网络建设得以进一步发展。政策给予的基础设施建设资金投入及带来的区域经济增长，都为泰国铁路的修建注入了活力。泰国经济走廊规划主要包括三个发展阶段：第一阶段，2016—2017 年，旨在吸引国内外投资东部经济走廊；第二阶段，2018—2020 年，着重关注运输发展；第三阶段，2020 年及未来，旨在创建可持续发展和加强与邻国基础设施网络的连接。可见，目前泰国东部经济走廊处于铁路等运输发展的攻坚阶段。其中，最引人注目的是中泰铁路的曼谷至罗勇段，泰国政府于此项目投入了 72 亿美元，建成后将直连三大机场、主要旅游地和人口密集区。联系中国铁路对城市群发展的影响，下面就泰国东部经济走廊铁路发展规划提供如下建议。

一、泰国东部经济走廊的发展前景

与中国的长三角城市群类似，泰国东部经济走廊地处泰国东部沿海地区，地理区位优势明显。发达的水系使该经济区水运发达，集聚众多港口。同时，该经济区政策环境优越。经济区在计划实施的最初 5 年内，至少有 1.5 万亿泰铢（450 亿美元）投入基础设施建设。具体的基础设施建设项目包括扩建乌塔堡国际机场、兰卡邦海港的升级、修建曼谷至罗勇的高铁及完成区域内铁路复线、高速公路建设和医院修建等。自从东部经济走廊经济特区建立后，游客数量增长了 4%左右，而 2015—2016 年春武里游客数量增长了 38%。在过去十年里，这三个经济特区的人口增长了 8%～22%。在地价方面，已经增长了 30%～40%。这些都为东部经济走廊的发展提供了重要的前提条件。

二、泰国东部经济走廊铁路的发展战略规划

（1）以国家和区域发展宏观战略为基础，以城市群长期战略发展方向为导向，统筹衔接综合交通体系，构建符合泰国产业发展政策和要求、与主要经济通道实现有效搭接、能够与综合运输通道实现有效承接、体系层级布局合理的

城际铁路网络，适应经济国际化/区域化战略。

（2）以城市群产业结构调整和优化为导向，深入做好城际铁路项目前期工作。泰国东部经济走廊的目标产业包括新型汽车、信息技术、旅游、高级农业及生物科技、食品加工、机器人、空运、生物材料、智能电子、医疗保健，共十大目标产业（见图9–9）。因此在投入建设铁路时，加强技术经济综合比选，把握好建设时序显得尤为重要。科学合理、公正客观地确定线路走向和站点设置，深入探索城市群经济发展对城际铁路的运输要求，研究城际铁路在运营组织、运行控制、站点设计等方面对产业发展所提出的运输对象需求及其变迁的适应性，以强化以区域优势为目的的核心带动战略。

图9–9　泰国东部经济走廊十大目标产业示意图

（3）在工程设计、开工建设和运营管理中注重新理念的推广和新技术的运用，重视节约资源和环境保护，集约利用土地，注重保护生态环境，提高能源利用效率，创新产业链规划与构建的政策形成机制、产品制造方式、运营管理理念，以城际铁路建设与运营行业的可持续发展，带动产业链上游、下游体系的健康发展，以城际铁路作为大众公共交通方式的优越性，推进社会公平，适应以生态建设、环境保护和社会和谐为目标的可持续发展战略。

三、城际铁路发展的政策保障

为了保障城际铁路发展战略的切实实施、加强城市群之间的互联互通、优化城际交通运输体系、提高城际铁路在衔接城市群内外交通中的竞争优势，在发展硬件设施的同时，必须完善相应的政策措施，并从多方面予以保障和支持。

（一）投融资体制改革

在城际铁路投融资促进工作中，创新市场化融资方式，放宽市场准入，培育多元投资主体，鼓励支持地方政府和广泛吸引各类社会资本参与投资铁路建设，形成国家投资、地方筹资、社会融资相结合的多渠道、多层次、多元化铁路投融资模式。充分利用国家和地方政府支持铁路建设的政策措施，建立和完善城际铁路发展基金和建设债券及其募集和发行方式。对不同城际铁路服务类型，积极实施差异化投融资政策，建立投融资的长效机制，根据建设需要，引导资金合理分配和有效使用。在理顺铁路运价、建立公益性运输核算制度的基础上，研究建立公益性、政策性补贴机制，完善土地综合开发配套政策，健全、规范财务清算规则及体系，落实并发挥好铁路投融资体制改革配套政策的组合效应，为社会资本进入创造便利条件。

（二）培育城际铁路经济

以城际铁路网络为依托，引领支撑辐射范围内的城镇、产业、人口等合理布局，促进城市群内部的密切交流合作，加速在全域范围内的产业梯度转移和经济转型升级后的资源优化配置，培育城际铁路与城市群经济深度融合发展的城际铁路经济新业态。以城际铁路各类站区的综合开发为载体，发展站区经济，引导和推动站区生活休闲，旅游餐饮和现代物流等关联产业集群和规模发展，努力形成规模效应，综合开发收益可用于铁路建设与运营。

（三）加强宏观组织协调

科学组织项目规划，加强铁路规划与城市总体规划、土地利用规划等的衔接。加强高效联动的协商工作机制，优化交通网络布局。科学组织项目建设，完善城际铁路规划的多主体合作机构与机制，拓展合作方式，按照规划确定的功能定位和建设标准，充分考虑工程条件和经济发展实际，尊重铁路技术特点和客观规律，合理把握建设时机，着力提高项目决策科学化水平，有序均衡推进项目实施。科学组织项目运营，建立高层次的城际铁路与公路、民航、水运等其他交通方式有机衔接和有效沟通的综合运营管理机构和机制，统筹考虑运价调整、运营体制调整、财政支持、调动地方政府积极性等因素，推动协同发展，促进综合社会效益提升。

（四）强化人才、科技和管理支撑

贯彻落实国家创新驱动发展战略，加大基础研究和科研攻关，加强人才队伍和国家重点实验室等创新平台建设。完善公共信息服务平台建设，推进铁路与其他运输方式的公共服务信息共享，配套运用先进适用技术装备，发展智能化铁路，促进铁路运输服务方式、经营模式等发展方式深刻变革，发挥城际铁路体制灵活的优势，全面提升铁路管理现代化水平。研究出台促进铁路运输业发展的指导意见，适应市场需求变化，有效利用城际铁路运能和覆盖度优势，发挥价格机制作用，大力开拓运输市场，全面提升服务水平，扩大产品和服务有效供给，延伸产业链和服务链，建立现代企业制度，推动市场化经营，强化内部管理，不断提升城际铁路经营效率效益。

（五）加强过程监管评估

修订完善与城际铁路相关的铁路法律法规和技术规范体系，切实加强对城际铁路的行业监督管理、跟踪指导、统筹协调和及时评估，营造和维护公平有序的市场环境。

后　　记

本书的顺利完稿离不开为实地调研提供支持和帮助的各方政府部门、研究机构和企业。在此，本研究团队对在中国甘肃兰州、江苏相城、江西鹰潭以及泰国曼谷、罗勇、孔敬等地调研时，参与调研和访谈的以上各方致以深深的谢意。通过实地调研，本书得以获得充分的一手资料，对中国高铁建设以及中泰高铁建设的动因、困难、影响等各方面都有了深入的了解和认识。

在 2019 年本书项目团队赴泰国实地调研之时，中泰铁路合作项目一期（曼谷—呵叻）首段 3.5 公里工程尚在建设中。2022 年本书完稿之时，中泰高铁一期首段已完工，其他各段的工程或是已在建设中，或是已签署项目合同，按计划预计在 2026 年底至 2027 年初将完成一期工程并竣工通车。中泰高铁近年来取得的实质性进展是我们最乐于看到的事，也契合了本书撰写的初衷——借鉴中国高铁建设的经验，预测高铁建设对泰国经济带来的影响，从而为中泰高铁的规划和发展提供支撑和建议。

除了中泰高铁外，近些年来中国高铁走出国门，合作的高铁项目在世界各地落地开花，取得了许多卓越的成果。例如，2018 年 6 月，中国高铁全系统、全要素、全生产链走出国门的“第一单”——雅万高铁（印尼首都雅加达至印尼第四大城市万隆）全面开工；2021 年 12 月 3 日，连接昆明和万象、全线采用中国标准的中老铁路（中国—老挝）全线开通运营；2022 年 3 月 19 日，中国高铁欧洲首单——匈塞铁路（匈牙利首都布达佩斯市至塞尔维亚首都贝尔格莱德市）塞尔维亚境内贝诺段开通运营。事实上，高铁已经成为“走出去”的一张名片，也成为中国进一步开展国际合作，与世界各国共享发展成果，深入落实“一带一路”倡议的重要举措。交通基础设施的互联互通是“一带一路”倡议中“五通”的重要组成部分，也是“五通”中的先行举措和和前提。

当前，虽然中国高铁已在海外顺利建成和签约多个项目，但许多进行中的项目仍存在着困难，其中一个重要的方面就是由于未能预测和估计高铁对经济的带动作用，而引起的不信任或抵触情绪，这也是在实地调研中泰高铁进展时被提及的困难之一。正如同我们在调研中发现，中国苏州高铁的修建者都没有预料到高铁在十年后能够给当地经济带来巨大提振作用。类似地，在泰国以及其他国家规划和建设高铁时，当地政府与利益相关者可能也持有一些消极的态度，这种情况也正是本书希望通过基于中国高铁建设的相关研究发现来加以改变的。

当前，已有研究中尚未对高铁对经济影响的作用进行系统性分析，本书则从这一切入点出发，以中国高铁为例，探究高铁对泰国经济可能带来的影响，并给出相应建议和启示。选择中国高铁作为研究样本的原因在于，自 2008 年以来，中国高铁的建设和发展速度极快，短短数年间已形成了“八纵八横”的高速铁路网，为本研究提供了理想的研究情境。本书通过总结中国高铁规划和建设的成功经验，希望为中泰高铁的进程提供经验支撑，从而推动整体项目的进展，长远来看，也希望为中国高铁与世界各国开展更广泛的国际合作提供借鉴。

本书在梳理中泰高铁进程和世界各国高铁发展史的基础上，以中国高铁的规划和建设为例，对高铁发展如何影响泰国经济这一问题进行了分析和预测，具体包括泰国铁路建设的时间效应和时空竞争力、区域经济总量、人口流动和城市群发展几方面。在各部分我们都遵循：首先，进行相关理论及研究的梳理和回顾；其次，根据中国高铁相关经验以数据分析的方式总结研究结论；最后，结合中泰高铁现状来进行预测并提出建议和提供启示。依此逻辑将几部分依次展开，落脚点均是从泰国的视角如何利用好高铁这一经济发展的机遇，带动相关要素的发展，起到促进经济高质量发展的作用。

我们希望本书能够对高铁经济研究领域做出一些贡献，同时能够为实践中的中泰高铁以及更多中国高铁“走出去”合作项目的深入推进给以助力。在今后的调研和研究工作中，我们会朝着这一目标继续努力，使对这一问题的认识不断得到深化、完善、提高。最后，我们衷心希望本书能够得到学界同仁、企业界的朋友以及广大读者的指正。

参 考 文 献

英文文献

[1] Brotchie J F. Cities of the 21st Century: New Technologies and Spatial Systems[C]. New York: Longman Cheshire, 1991.

[2] Daisuke Hiratsuka. High-Speed Railway, the EEC, and the Change of the Landscape of Thailand and its Neighboring Countries[R]. BRC Research Report, Bangkok Research Center, JETRO Bangkok/IDE – JETRO, 2018.

[3] Doeringer P, Piore M. Internal Labor Markets and Manpower Analysis[M]. Lexington, Mass: D.C. Heath, 1971.

[4] Heberle R. The Causes of Rural-Urban Migration a Survey of German Throries[J]. American Journal of Sociology, 1938, 43(6): 932 – 950.

[5] J Craig Jenkins. Push/Pull in Recent Mexican Migration to the U. S[J]. International Migration Review, 1977, 11(2), 178 – 189.

[6] Lewis W A. Economic Development with Unlimited Supplies of Labor[J], Manchester School, 1954(22): 139 – 191.

[7] Ranis G, Fei J C H. A Theory of Economic Development[J]. American Economic Review, 1961, 51(4): 533 – 565.

[8] Raveastein E G. The Laws of Migration[J]. Journal of the Statistical Society of London, 1885, 48(2): 167 – 235.

[9] Stewart J Q. Demographic Gravitation: Evidence and Applications[J]. Sociometry, 1948, 11(1/2): 31-58.

[10] World Bank. World Development Report 1994: Infrastructure for Development [M]. New York: Oxford University Press, 1994.

[11] Wu J, Nash C, Wang D. Is High Speed Rail an Appropriate Solution to China's Rail Capacity Problems?[J]. Journal of Transport Geography, 2014, 40: 100－111.

[12] Zheng S, M E Kahn. China's Bullet Trains Facilitate Market Integration and Mitigate the Cost of Megacity Growth[J]. Proceedings of the National Academy of Sciences, 2013, 110(14): E1248－E1253.

[13] Zipf G K. The P1 P2/D Hypothesis on the Intercity Movement of Persons[J]. American Sociological Review, 1946, 11(6): 677－686.

中文文献

[1] Chen C L，Hall P，许劼，刘冰. 高速铁路对英国经济地理的影响——英国125/225 城际铁路的案例研究[J]. 城市规划学刊，2015（1）：121－123.

[2] 陈刚强，李郇，许学强. 中国城市人口的空间集聚特征与规律分析[J]. 地理学报，2008（10）：1045－1054.

[3] 戴学珍，吕春阳，郑伊硕，邹娇. 交通方式对京津冀空间相互作用贡献率分析[J]. 经济地理，2019，39（8）：36－43.

[4] 戴学珍，徐敏，李杰. 京沪高速铁路对沿线城市效率和空间公平的影响[J]. 经济地理，2016，36（3）：72－77＋108.

[5] 邓元慧. 城际轨道交通与城市群空间结构演化及协调研究[D]. 北京：北京交通大学，2015.

[6] 董艳梅，朱英明. 高铁建设的就业效应研究——基于中国 285 个城市倾向匹配倍差法的证据[J]. 经济管理，2016，38（11）：26－44.

[7] 董艳梅，朱英明. 高铁建设能否重塑中国的经济空间布局——基于就业、工资和经济增长的区域异质性视角[J]. 中国工业经济，2016（10）：92－108.

[8] 段成荣，杨舸，张斐，卢雪和. 改革开放以来我国流动人口变动的九大趋势[J]. 人口研究，2008（6）：30－43.

[9] 方大春，孙明月. 高速铁路对长三角城市群经济发展影响评估——基于 DID 模型的实证研究[J]. 华东经济管理，2016，30（2）：42－47.

[10] 高柏. 高速铁路与中国 21 世纪大战[M]. 北京：社会科学文献出版社，2012.
[11] 高帆. 二元经济结构理论最新研究进展[J]. 经济学动态，2003（9）：60－63.
[12] 高铁见闻. 高铁风云录[M]. 长沙：湖南文艺出版社，2015.
[13] 郝媛，徐天东，伍速锋. 高铁网络化背景下普铁与城市的冲突与协调[J]. 城市交通，2020，18（2）：67－75＋109.
[14] 黄苏萍，朱咏. 高铁重塑中国经济地理[M]. 北京：中国社会科学出版社：北京，2016.
[15] 姜博，初楠臣，黎赟，陈颜，沈保荣，薛睿，李子瑞. 高铁可达性与土地价值：文献述评与展望[J]. 经济地理，2019，39（7）：9－13＋21.
[16] 孔令章，李晓东，白洋，江曈. 长距离高铁对沿线城市旅游经济联系的空间影响及角色分析——以兰新高铁为例[J]. 干旱区地理，2019，42（3）：681－688.
[17] 李静. 高铁建设对人口流动影响的异质性研究[D]. 济南：山东大学，2019.
[18] 李平华，陆玉麟. 城市可达性研究的理论与方法评述[J]. 城市问题，2005（1）：69－74.
[19] 李强. 影响中国城乡流动人口的推力与拉力因素分析[J]. 中国社会科学，2003（1）：125－136＋207.
[20] 李荣欣. 日本东海道城市群建设启示录[J]. 前线，2018（4）：51－52.
[21] 李新光，黄安民，张永起. 高铁对区域经济发展的影响评估——基于 DID 模型对福建省的实证分析[J]. 现代城市研究，2017（4）：125－132.
[22] 李新光，黄安民. 高铁对县域经济增长溢出效应的影响研究——以福建省为例[J]. 地理科学，2018，38（2）：233－241.
[23] 林上，冯雷. 日本高速铁路建设及其社会经济影响[J]. 城市与区域规划研究，2017，9（2）：176－200.
[24] 林晓言，罗燊，朱志航. 区域质量与高速铁路社会效用——关于高速铁路建设时机的研究[J]. 中国软科学，2015（4）：76－85.
[25] 林晓言. 高铁经济研究成果述评及基础理论走向[J]. 北京交通大学学报（社会科学版），2018，17（4）：20－37.

[26] 林晓言. 基于时间价值的中国高速轨道交通发展时机研究[J]. 北京交通大学学报（社会科学版），2019，18（2）：23－35.

[27] 林晓言，等. 高速铁路与经济社会发展新格局[M]. 2 版. 北京：社会科学文献出版社，2017.

[28] 刘林. 印度高铁将敲定日本新干线技术[J]. 时代金融，2016（34）：54－55.

[29] 刘明君. 城市化背景下城际高速铁路建设时机比较研究[J]. 综合运输，2012（10）：4－11.

[30] 刘怡，张宁川，周凌云. 高铁建设与区域均衡发展——来自京津冀高铁通车的证据[J]. 北京大学学报（哲学社会科学版），2018，55（3）：60－71.

[31] 龙茂乾，孟晓晨，李贵才. 京沪沿线铁路网络系统职能分工研究[J]. 地理研究，2016，35（9）：1701－1713.

[32] 鲁万波，贾婧. 高速铁路、城市发展与区域经济发展不平等——来自中国的经验数据[J]. 华东经济管理，2018，32（2）：5－14＋2.

[33] 陆军，宋吉涛，梁宇生，徐杰. 基于二维时空地图的中国高铁经济区格局模拟[J]. 地理学报，2013，68（2）：147－158.

[34] 马军平，陈昱竹，李纯青，等. 基于结构洞的关键资源对旅游供应链渠道权力的影响——以环意国际旅行社为例[J]. 管理案例研究与评论，2015，8（6）：577－593.

[35] 梅琳，黄柏石，敖荣军，高喆. 长江中游城市群高速铁路可达性格局及演变[J]. 经济地理，2018，38（6）：62－68.

[36] 孟凡峰. 生产性服务业集聚与制造业升级——基于省际面板的研究[J]. 现代管理科学，2015（1）：57－59.

[37] 穆成林，陆林. 京福高铁对旅游目的地区域空间结构的影响——以黄山市为例[J]. 自然资源学报，2016（12）：154－168.

[38] 年猛. 交通基础设施、经济增长与空间均等化——基于中国高速铁路的自然实验[J]. 财贸经济，2019，40（8）：146－161.

[39] 佩鲁. 略论“增长极”的概念[J]. 应用经济学，1955，8.

[40] 蒲艳萍，吴永球. 经济增长、产业结构与劳动力转移[J]. 数量经济技术经济

研究，2005（9）：20－30.
[41] 乔洁，秦萧，沈山. 高速铁路经济效应研究进展与前瞻[J]. 经济问题探索，2012（8）：116－122.
[42] 荣朝和. 交通—物流时间价值及其在经济时空分析中的作用[J]. 经济研究，2011，46（8）：133－146.
[43] 史敦友. 高速铁路的城市群产业发展效应[D]. 成都：西南交通大学，2015.
[44] 史官清，张先平. 新型城镇化战略与高铁战略的协同与依存[J]. 山东财经大学学报，2015（1）：93－99.
[45] 苏文俊，施海涛，王新军. 京沪高铁对鲁西南沿线主要城市的影响[J]. 复旦学报（自然科学版），2009，48（1）：111－116.
[46] 孙浦阳，张甜甜，姚树洁. 关税传导、国内运输成本与零售价格——基于高铁建设的理论与实证研究[J]. 经济研究，54（3）：137－151.
[47] 覃成林，朱永磊，种照辉. 高速铁路网络对中国城市化格局的影响[J]. 城市问题，2014（9）：9－15.
[48] 王旦，唐红祥. 高铁开通后西南边疆民族地区可达性变化及空间格局研究——以广西为例[J]. 广西社会科学，2018（8）：38－43.
[49] 王凤学. 中国高速铁路对区域经济发展影响研究[D]. 长春：吉林大学，2012.
[50] 王海花，谢富纪. 企业外部知识网络能力的结构测量——基于结构洞理论的研究[J]. 中国工业经济，2012（7）：134－146.
[51] 王姣娥，焦敬娟，金凤君. 高速铁路对中国城市空间相互作用强度的影响[J]. 地理学报，2014，69（12）：1833－1846.
[52] 王缉宪. 高速铁路影响城市与区域发展的机理[J]. 国际城市规划，2011，26（6）：1－5.
[53] 王士君，吴嫦娥. 城市组群及相关概念的界定与辨析[J]. 现代城市研究，2008（03）：6－13.
[54] 王婷. 中国城市群空间结构的特征、影响因素与经济绩效研究[D]. 上海：华东师范大学，2016.
[55] 王小鲁，樊纲. 中国地区差距的变动趋势和影响因素[J]. 经济研究，2004

（1）：33－44.

[56] 王谢勇，柴激扬，孙毅. 基于文献研究方法的我国高速铁路对经济发展影响综述[J]. 经济与管理，2015，29（5）：64－69.

[57] 王争鸣，黄超，马驷赜. 城市群城际铁路规划理论与方法[J]. 交通与港航，2017，4（6）：75.

[58] 韦功鼎，李雪梅. 高速铁路知识溢出对第三产业集聚的影响研究——基于长三角城市群的实证研究[J]. 经济问题探索，439（2）：134－140.

[59] 吴康，方创琳，赵渺希，陈晨. 京津城际高速铁路影响下的跨城流动空间特征[J]. 地理学报，2013，68（2）：159－174.

[60] 徐海东. 城市高铁开通对产业升级及就业－产业耦合协调度的影响[J]. 首都经济贸易大学学报，2019（5）：57－66.

[61] 闫昱霖. 高速铁路产业发展的区域布局研究——基于中国铁路中长期发展规划政策[J]. 经济师，2017（11）：44－48.

[62] 姚涵，柳泽，刘晓忱. 高速铁路影响下城市空间发展的特征、机制与典型模式——以京沪高速高铁为例[J]. 华中建筑，2015（5）：13－19.

[63] 叶翀，夏新红. 高速铁路对福建省区域经济发展的影响——基于可达性的视角[J]. 物流技术，2017（9）：9－13＋19.

[64] 殷平，杨寒胭，张同颢. 高速铁路网与京津冀旅游：空间作用与结构演化[J]. 旅游学刊，2019，34（3）：102－112.

[65] 张俊. 高铁建设与县域经济发展——基于卫星灯光数据的研究[J]. 经济学（季刊），2017，16（4）：1533-1562.

[66] 张克中，陶东杰. 交通基础设施的经济分布效应——来自高铁开通的证据[J]. 经济学动态，2016（6）：62-73.

[67] 张丽君. 地缘经济时[M]. 北京：中央民族大学出版社，2006.

[68] 张梦婷，俞峰，钟昌标，林发勤. 高铁网络、市场准入与企业生产率[J]. 中国工业经济，2018（5）：137－156.

[69] 张明志，余东华，孙婷. 高铁开通对城市生产体系绿色重构的影响[J]. 中国人口·资源与环境，2019，29（7）：41－49.

[70] 张文新，丁楠，吕国玮，侯雪. 高速铁路对长三角地区消费空间的影响[J]. 经济地理，2012，32（6）：1－6.

[71] 张雯慧. 高速铁路对区域经济发展的影响要素及机理研究[J]. 知识经济，2018（20）：15－16.

[72] 张延昭. 德国高速铁路的发展[J]. 国际科技交流，1993（9）：11－13.

[73] 张玉玲. 高速铁路对中国城市群服务业发展的影响及机制研究[D]. 南京：东南大学，2018.

[74] 周信. 德国高速铁路[J]. 铁道知识，2002（2）：14－15.

[75] 邹卓君，郑伯红. 高铁站区与城郊产业园区协同发展研究——以京沪、京广高铁沿线城市为例[J]. 经济地理（3）：138－145.